역동적 균형과 한국의 미래 3

사회통합과 균형성장

나남출판

나남신서 1164

역동적 균형과 한국사회의 미래 3
사회통합과 균형성장

2006년 8월 15일 발행
2006년 8월 15일 1쇄

저자_ 송기도 · 최영기 · 김상균 · 심영희 · 한상진
발행자_ 趙相浩
편집_ 방순영 · 김지환
디자인_ 이필숙
발행처_ (주) **나남출판**
주소_ 413-756 경기도 파주시 교하읍
출판도시 518-4
전화_ (031) 955-4600 (代), FAX : (031) 955-4555
등록_ 제 1-71호(79.5.12)
홈페이지_ http://www.nanam.net
전자우편_ post@nanam.net

ISBN 89-300-8164-9
ISBN 89-300-8161-4(세트)
책값은 뒤표지에 있습니다.

역동적 균형과 한국의 미래 3

사회통합과 균형성장

송기도 · 최영기 · 김상균 · 심영희 · 한상진

NANAM
나남출판

Dynamic Equilibrium and Korea's Future 3

Social Integration

Toward a Productive Third Way

by

Song, Ki-Do
Choi, Youngki
Kim, Sang-Kyun
Shim, Young-Hee
Han, Sang-Jin

NANAM
NANAM Publishing House

머리말

'역동적 균형'을 화두로 한 4권의 단행본을 출간함에 있어 광복 60년에 얻은 새로운 경험을 간략히 간추리고자 한다.

첫째로 광복의 뜻을 다시 생각하게 되었다는 점이다. 사람들에게 '광복'이란 낱말을 주고 그 뜻을 물으면 대부분 독립 또는 해방을 연상한다. 일제시대의 독립운동을 떠올리고 그 정신으로 오늘의 한일관계 등을 생각해보는 것, 때문에 '광복' 하면 미래보다는 과거지향의 느낌을 강하게 받는다고 한다.

과연 그래야만 할까. 젊은이보다는 노인이 주역이 되고, 미래보다는 과거를 이야기하며, 한국현대사를 전공한 학자나 독립운동 추모사업단체들이 전유하는 그런 상징으로 과연 충분한 것인가?

우리는 아니라고 판단했다. 광복은 단순히 과거가 아니라 현재진행형이며 우리의 미래에 관련된 소중한 상징이기 때문이다. 광복운동을 이끌었던 선조들이 숱한 고난과 억압, 시련 속에서도 굳건히 지켰던 이상, 해방된 조국의 미래상이 지난 60년간의 눈부신 성취에도 불구하고 아직도 미완의 과제로 남아 있다는 사실에서 이것은 의문의 여지없이 분명하다.

광복에는 '빛'의 메타포가 있다. 이 빛은 우리의 역사 안에 있지만, 이 빛을 키워내기 위해서는 그 눈으로 시대의 과제를 분명히 인식하는 것이 중요하다. 이러한 의미에서 광복은 과거와 미래를 연결시키는 민족적 운명에 대한 문명사적 자각이며 새로운 시작을 촉구하는 역사의 명령이기도 하다.

둘째는 60년의 의미이다. 60년의 삶은 새로운 출발을 요구한다. 단순한 시간의 반복이 아니라 질적 성숙, 이순(耳順)의 원숙함이 요구된다. 신산(辛酸)했던 과거의 열정과 고통을 차분한 마음으로 바라보고 한층 성숙한 태도로 미래를 관조할 수 있는 넉넉한 지혜가 필요하다. 이순에 이르러 무르익은 인격을 가진 인간이 순리(順理)를 깨닫고 매사에 성공하듯이, 우리 민족 역시 이제는 21세기의 국제적 순리, 역사적 순리, 정치 경제적 순리, 그리고 사회적 순리를 깨닫고 이에 조응하면서 보다 희망적인 미래를 열고 싶어한다.

이처럼 광복에 담긴 미완성의 미래지향적 함의와 60년이 요구하는 보다 성숙한 새로운 출발의 요구를 담아 우리가 열어가야 할 선진한국의 모습을 그려보고자 한 것이 바로 4권의 책이라고 말하고 싶다.

셋째는 포럼을 열고 책을 출간하는 과정에서 얻은 경험이다. 광복 60년 기념사업추진위원회가 선정했던 51개 사업 가운데서 '선진한국'의 미래를 설계할 종합학술포럼의 성공을 위해서는 무엇보다 저명한 학자들의 참여가 필수적이었다. 그래서 위원회는 서울대 사회발전연구소에게 포럼의 주관업무를 요청했으며, 쌍방이 협의하여 4차례의 포럼을 서울, 대구, 전주, 서울의 순서로 열기로 했다. 이리하여 위원회와 학계 그리고 지역사회가 같이 참여하는 독특한 협력체계가 구축되었다.

모든 주요 결정은 포럼운영위원회에서 내렸는데, 여기에는 연구소 소장 이재열, 정치학과 이정복, 경제학과 이승훈, 사회복지학과 김상균, 대구사회연구원의 김규원, 전북대 송기도, 그리고 광복 60년 기념사업추진위원회의 한상진이 참여했다.

가장 고심했던 의제는 포럼의 전체 주제였다. 정치, 외교, 경제, 사회 각 부문의 현주소를 점검했고, 미래의 방향, 비전, 원칙 등을 토론했다. 그리고 많은 토론 끝에 우리는 '역동적 균형'의 화두를 선택했다. 딱딱한 듯하지만 이념적 컬러가 없고 우리의 현대사를 읽는 하나의 비판적 안목이면서 또한 미래를 평가하는 규범적 잣대의 역할을 할 것으로 보았기 때문이다.

시간의 제약으로 포함했으면 좋았을 분야를 모두 포괄할 수 없었다는 아쉬움이 있다. 그러나 선정된 15개 분야에 관해서는 당대 최고의 경륜을 갖춘 전문가들이 발표와 토론 및 사회의 역할을 해주었다고 자부한다. 이에 이들에게 우선 심심한 사의를 표하는 바이다.

출판 준비과정에서 우리는 발표자들에게 토론과정의 의견이나 요구를 최대한 반영할 것과 역동적 균형의 의미를 보다 분명히 해줄 것을 요구했다. 아울러 발표자들이 공동저자로 참여하는 형식의 단행본을 4권 출간하기로 했다. 그리고 1권의 맨 앞에 "왜 역동적 균형인가?"를 밝히는 글을 한상진이 집필하기로 했으며, 모든 논의를 수합하여 역동적 균형의 의미를 정리하는 논문을 이재열이 집필하여 4권의 끝에 싣기로 했다.

이렇게 하여 4권의 책이 출간되지만 많은 분들의 헌신적 노고가 있었다. 광복 60년 기념사업위원회에서는 홍윤식 추진단장을 포함하여 이재풍, 김창수가 행정적으로 번거로운 일들을 처리해 주었다. 대구사회연구소의 이상률, 전북대 사회과학연구소의 이경희, 그리고 서울대 사회발전연구소의 김홍중 박사와 김주현, 정필주를 비롯한 연구진들은 전체 행사의 진행에 꼭 필요한 역할들을 수행하였다. 끝으로 이 내용을 책으로 묶어내는 데 큰 도움을 준 나남출판의 조상호 사장과 방순영 부장께도 깊은 감사의 뜻을 전한다.

2006년 8월

한상진 · 이재열

역동적 균형과 한국의 미래 3

사회통합과 균형성장

차 례

1 지방화시대의 과제와 전망[1)]

송기도

1. 머리말

1987년 민주화 이후 지방자치실시에 대한 국민의 요구가 점차 커져 갔으며, 지방자치는 민주주의를 공고히 하기 위한 것으로 간주되었다. 이에 따라 1991년 지방의회가 30년 만에 다시 구성되고 1995년에는 단체장이 직접 선출됨으로써 지방자치가 본격화되었다.

그러나 이는 지방의회구성과 단체장선거 등 정치적 의미의 지방자치였으며, 중앙정부 중심의 재원이나 권한배분이 진정한 의미의 지방자치에 맞도록 근본적으로 재조정되지 못했다. 다시 말해, 우리의 지방자치는 '3할자치'라는 자조가 나올 정도로 실질적 분권화수준은 낮은데, 이는 역대정부가 추진한 균형발전정책이 '분산'만을 강조했기 때문이다. 또한 지역간 불균형을 더욱 심화시키는 결과를 초래했는데, 이는 '분권'이라는 지방으로의 권한이양이 뒷받침되지 못했기 때문이다. 그리고 이러한 지방화의 지연에 대한 국민의 불만은 2002년 대선에서

---

1) 이 글은 '광복60주년 기념 학술대회'(2005.10.21)에서 발표된 논문을 수정 보완한 것입니다. 이 글이 보다 충실해지도록 토론해주신 충남대 박재묵 교수님과 목포대 김영태 교수님께 깊은 감사를 드립니다.

지방분권이 주요 선거이슈가 되게 했다.

2003년 출범한 참여정부는 국가발전의 3대전략을 '정부혁신', '지방화', '세계화'로 설정했으며, 지방화전략을 수행하기 위해서 '국가균형발전', '지방분권', '신행정수도 건설'이라는 정책을 택했다. 이러한 참여정부의 지방화정책은 지금까지의 발전전략과는 판이한 것으로 장기적 프로젝트이자 국가개조 프로젝트라고 할 수 있다.

지방분권과 국가균형발전 등 지방화전략은 21세기 세계사적 전환이 요구하는 시대적 과제이며, 세계화, 정보화환경에서 살아남기 위한 국가적 생존전략이다. 세계화와 정보화가 진행되면서 지역의 역할이 중시되고 세계경쟁의 직접적 단위가 되었으며, 산업환경이 유연적 생산체계와 지식기반경제로 변화함에 따라 지역의 의미와 기능이 변화했다. 이제 지방화는 더 이상 선택이 아니라 필수인 것이다.

'신행정수도건설'에 대한 헌법재판소의 위헌판정에도 불구하고 참여정부는 행정중심복합도시의 건설을 추진함으로서 정부의 지방화의지를 보여주었다. 그리고 2005년 8월 176개 공공기관을 지방으로 이전하는 정책을 많은 어려움 속에서도 꾸준히 추진해 성사시킴으로써 참여정부의 지방화정책 의지가 확고함을 다시 한번 보여주었다. 공공기관 지방이전은 참여정부가 공약한 지방화시대를 구체적으로 보여주는 상징적 정책이라고 할 수 있다.

이 글에서는 세계화와 지방화 그리고 정보화시대에 참여정부의 지방화정책들을 설명하고 이들 정책들의 함의들은 무엇인지, 과연 시대적 변화에 적실성이 있는지 그리고 향후과제는 어떤 것들이 되어야 할지에 대해서 전망해보고자 한다.

2. 국제환경의 변화와 지방화시대

21세기를 전후해 세계는 매우 빠른 속도로 변화하였다. 국경을 초월하는 세계화(*globalization*)[2]가 급속히 진전되었으며, 다른 한편으로는 경제블럭화, 민족주의의 대두 등과 같은 분절화가 진행되어 통합과 분열현상이 동시에 나타났다.

지난 수백 년 동안 '국민국가'(*nation-state*)는 국제사회에서 제일 중요한 기본주체로 물리적 강제력(폭력)과 대외교섭력(외교)을 독점하였다. 그러나 세계화가 진행되면서 이러한 국가의 지위와 역할은 축소되었다. 그 규모의 한계와 국경을 넘나드는 글로벌 행위자들로 인해 대내적으로는 최고성과 대외적으로는 독립성을 가진 국가주권이 제한되고 국가의 활동이 축소되었다.

세계질서는 정치중심에서 경제중심으로 이동했다. 초국적기업이 등장했으며, 이념이나 안보보다 경제가 더 중요시됐다. 지구촌 경제시대가 도래한 것이다. 그리고 기업의 경제활동 영역이 전 세계적으로 확대되면서 기업의 자율기능이 늘어나고, 무한경쟁시대의 도래와 WTO체제의 대두 등으로 시장의 자율성이 커졌다.

초국적기업과 국제금융자본의 활동이 활성화되고 사회·공간적으로는 세계화의 진전에 따라 도시 또는 특정지역이 중요해지면서 국가의 영향력이 상대적으로 약화되는 것이다. 실제적으로 미국, 중국 등 몇몇 국가를 제외하고는 자국민들에게 대외적 안보와 시장을 확실하게 보장해줄 수 없게 되었다.

이에 따라 '유럽연합'(EU)과 같은 초국가적 주권체가 나타나고 세계화의 진전과 함께 지리적 근접성, 경제적 긴밀도에 따라 역내국가들간 경제블럭화 현상이 가속화되면서 '북미자유협정'(NAFTA), '남미공동시장'(MERCOSUR), '아시아·태평양 경제협력체'(APEC)와 같은 기능적 국가연합체가 전 세계에 30여 개 이상 형성됐다.

또 국내적으로 국가는 그 규모로 각 지방민들의 이익을 제대로 보장해줄 수 없게 되었다. 오히려 자율성을 갖는 지방정부(*local government*)가 해당지방과 지방민의 이익을 중앙정부보다 더 효율적으로 대변하게 되었다. 1970년대 들어 정치과정에 시민들의 참여가 활성화되면서 지방분권과 지방자치가 확대됐으며, 1990년대 들어 지방화(*localization*)

---

2) 세계화는 '세계적 상호작용의 증가현상'을 말한다. 물자와 자본, 인간, 기업들이 국가의 경계선을 의식하지 않고 전 세계 이곳 저곳을 돌아다니게 된 현상이다.

가 세계화와 함께 가속화되면서 국가영역이 점차 축소되었다.

'지방화'는 중앙이 아닌 지방이 국가발전의 중심이 되는 것으로 지방이 국가로부터 자율성을 가지고 스스로 성장·발전할 수 있는 사회를 의미한다. 다시 말해, 지역간 관계에서 중앙에 집중된 자원이나 기능을 여타지방으로 이양하는 '분권'(*decentralisation*)과 하나의 조직 내에서 자원과 기능을 하위계층으로 넘기는 '분산'(*deconcentration*)을 통해 중앙정부의 통제에서 벗어난 지방이 자율성과 창의성을 가지고 스스로 해당지역을 통치하는 것이다(이종수, 2005: 32). 따라서 지방이 국가발전의 중심이 되고, 지역간 발전의 기회균등을 통해 국토공간상 모든 지역의 발전잠재력이 증진됨으로써 어느 지역에 거주하더라도 기본적인 삶의 기회를 향유하고, 궁극적으로 국가전체의 경쟁력이 확대되는 것이다.[3)]

결과적으로 가속화되는 세계화과정에서 '국가'는 세계문제를 해결하기에는 너무 작고, 지방의 문제를 담당하기에는 너무 큰 단위가 됐다. 세계화과정에서 중앙정부의 역할은 축소된 반면 지방은 그 역할이 새롭게 부각되고 동시에 경제활동의 핵심단위가 되었다. 다시 말해, 국가는 생활의 큰 문제에 대해서는 너무 왜소해진 반면, 생활의 작은 문제에 대해서는 너무 큰 것이 되어버린 것이다. 국민국가 역할의 일부가 한편으로는 초국가적 수준으로, 다른 한편으로는 일국 내의 지역수준으로 이전된, 즉 국가의 역할이 양극 분해되는 '후기국민국가'(*post-national*)적 상황이 되었다(김형기, 2005: 69).

이 같은 상황에서 국가경쟁력의 제고는 세계각국의 주요관심사이며 이를 위해 국가운영시스템의 재편을 서두른다. 즉, 세계화와 지방화에 의해 국가역할과 기능이 재조정된다(조명래, 2005: 223).

세계화에 따라 세계주의적 복합문화가 출현했으나, 다른 한편으로는 기존의 본원적이고 과거회기적이며, 종족적인 문화적 정체성을 고

---

3) 이러한 지방화의 선두주자는 스페인의 까딸루냐(Cataluña), 영국의 스코틀랜드(Scotland), 그리고 캐나다의 퀘벡(Quebec)을 들 수 있다. 송기도·최윤국·최낙원(1998), "스페인 까딸루냐 지방연구: 분권의 확대와 지역분쟁", 《라틴 아메리카 학회》 제 11권 제 1호, pp.133~179.

수하려는 '신부족주의'(*neo-tribalism*)가 부활하였다(Barber, 1995). 그리고 최근의 변화는 불(Hedley Bull)이 말한 것처럼 과거 신성로마제국과 교황과 같은 세계정부와 자율권과 자치권을 가진 자치도시, 자치영주로부터 협공을 받았던 중세국가가 처한 상황과 비슷한 '신중세시대'(*new medievalism*)라고 할 수 있다(임혁백, 2005: 4).

세계화와 더불어 나타난 정보혁명은 변화를 가속화시키며 '지리의 종말'을 가져왔다. 정보기술의 발달로 지리적 공간, 즉 거리는 더 이상 중요한 변수가 되지 않는다. 공간이 축소됨에 따라 '지구촌시대'가 가능해졌다. 농업혁명과 산업혁명에 이은 정보혁명시대가 도래한 것이다.

이제 컴퓨터 연결망을 통해 세계가 한순간 연결되며, 전 세계가 동시에 같은 정보를 받아들인다. 또 인터넷을 통한 주식거래, 상품거래는 전 세계를 하나의 시장으로 만들고 국경을 사라지게 한다.

이러한 새로운 시대에는 부가가치 창출의 원천이 노동과 자본에서 기술·정보를 기반으로 한 지식으로 변화하고 있으며, 국가차원이 아닌 지역차원의 조직력이 핵심적 경제단위로 부상함으로써 지역의 경쟁력이 국가경쟁력의 근원이 되었다. 이는 경제활동이 세계화됨에 따라 대학, 기업 및 여타 혁신주체들간의 핵심 상호작용이 '국가'보다 훨씬 역동적이고 신축적인 '지역'을 단위로 이루어지기 때문이다.

3. 불균형발전의 한계

1) 정부주도의 국가발전

1960년대 이후 산업화과정에서 국가주도의 '요소투입형' 양적 성장전략을 통한 국가발전은 외형적으로 고속성장이라는 '신화'를 창출하며, 이른바 '한강의 기적'을 만들었다. 박정희 정부 이후 이어진 발전국가모델은 정부가 중심이 되어 시장을 육성하는 정부주도적 국가발전모델이었다. 정부는 국가 및 지역의 산업정책을 주도하고 생산활동에서도 노동·자본·토지 등 생산요소의 투입에 의존하는 발전전략을 택

〈표 1-1〉 수도권비용 및 생산성변화(1982~2001년)

	비 용	생산성
1982	1.00	1.00
1986	1.10	0.91
1990	1.20	0.83
1994	1.27	0.79
1998	1.29	0.77
2001	1.32	0.76

자료: 국토연구원(2004), 연도별 지수는 1982년 기준.

했다. 또한 특정지역과 특정산업을 선정해서 이를 중심으로 성장을 확산시키는 정책을 폈으며, 이를 통해 1인당 GNP가 1963년 100달러에서 1995년 1만여 달러로 30여 년간 100배 이상 늘어나는 고도성장을 달성했다.

그러나 이와 같은 발전전략은 1990년대 이후 경제성장률이 하락추세를 보이면서 한계에 도달했다. 특히 지난 1995년 이후 10년간 국민소득이 1만 달러에 머물렀으며, 1997년에는 외환위기를 겪기도 했다. 1995년 우리나라의 1인당 국민소득은 11,432달러였으며, 10년이 지난 2004년 현재 14,162달러이다. 일본, 미국 등 대부분의 선진국은 10년 내외의 기간에 1인당 국민소득이 1만 달러에서 2만 달러로 넘어갔다.[4)]

지방자치제를 강제로 폐지하고 지방의 자율성을 원천봉쇄해 국가권력을 중앙정부에 집중시킨 박정희 정권은 불균형발전정책을 채택해 수도권과 비수도권 사이의 발전격차를 더욱 심화시켰다. 경제는 고속성장했지만 국가전체의 운영체제는 매우 권위주의화되었고 경제 이외의 부분이 소홀히 취급받는 불균형적 발전이었다. 특히 사회적 균열이 심

4) 각국의 1만 달러에서 2만 달러에 도달하는 시기를 보면, 일본은 6년(1981 →1987년)이 걸렸으며, 노르웨이 9년(1978 → 1987년), 캐나다 9년(1980 →1989), 영국 9년(1987 → 1996), 미국 10년(1978 → 1988), 독일 13년(1978→ 1991)이 걸렸다.

화되고 시민사회와 노동부문은 철저히 소외되었다.

불균형성장전략을 통해 짧은 기간 동안에 국가의 총량적 발전은 이루었지만 국토 전체가 제대로 활용되지 못했다. 그 결과 현재와 같은 수도권집중, 지역간 불균형, 지역주의문제가 심각한 사회·경제적 문제로 나타났다. 또한 권위주의 발전모델은 초기 산업화과정에서 많은 성과를 올렸으나 정부주도로 인해 경제주체들의 창의성이 대폭 위축되었고, 많은 규제가 양산됨으로서 더 이상 생산성과 효율성을 높이기 어려웠다.

특히 〈표 1-1〉에서 볼 수 있듯이 수도권집중으로 인해 매년 사회적 비용은 증가했으나 오히려 생산성은 떨어져 이로 인한 비효율이 가중되었다. 최근 20년 동안 비용은 30%가 늘었지만 생산성은 24%가 줄어들었다. 이는 토지가격상승, 주택·물류비용의 증가, 도시주변지역의 난개발, 공해로 인한 환경문제 등 여러 가지 문제를 유발하였다.

2) 일극집중의 불균형성장

국토면적의 11.8%에 해당하는 수도권에 인구의 47.6%, 주요대학의 64%, 전체 국세수입의 60%, 공공기관의 85%, 100대 기업본사의 91%가 집중되어 있다. 이와 같은 수도권으로의 인구집중은 〈표 1-2〉에서 볼 수 있듯이 1960년대부터 가속화되었다. 지난 40여 년간 수도권으로의 인구집중현상이 두드러지게 나타났다. 1960년대 10년 동안 7.5%의 인구증가가 있었으며, 이 수치는 1980년대까지 비슷하게 나타났다. 1990년대 들어서 수도권으로 인구유입이 감소했지만 여전히 증가추세를 보이며, 정부의 국가균형발전을 위한 적극적 정책이 없다면 2011년에는 수도권인구가 과반을 넘을 것으로 예상된다.

수도권 일극집중화 현상은 수도권의 지속가능한 성장에도 지장을 주며 지방의 침체를 가속화시키는 원인이 됨으로써 결과적으로 국가전체의 경쟁력을 저하시키는 요인이 된다. 우리나라의 수도권 인구집중률은 47.9%로 OECD국가 중 가장 높은데, 이는 영국 런던권(12.2%), 프랑스 파리권(18.7%)은 물론이고 수도이전까지 논의했던 일본 동경

〈표 1-2〉 수도권 인구집중 추계(1949~2015)

	수도권(%)	증감률(%)
1949	20.7	
1960	20.8	0.1
1970	28.3	7.5
1980	35.5	7.2
1990	42.8	7.3
2000	46.3	3.5
2004	47.9	1.6
2011	50.2	2.3
2015	51.2	1.0

자료: 통계청(2005.4).

권(32.4%)보다도 월등히 높다.

또한 다극 분산구조가 일극 집중구조보다 국가성장과 발전에 더 유리하다. 이는 한 손만 쓰는 사람보다 양손을 다 쓰는 사람이 일을 하는 데 훨씬 더 유리한 것과 같다. 물론 일극 집중구조하에서 어느 정도까지 성장을 달성할 수 있다. 그러나 이러한 성장발전에 한계가 있는 것도 사실이다. 세계 주요국가의 수위도시 비율과 경제력을 비교한 자료를 보면 일반적으로 수위도시 비율이 낮을수록 1인당 GNP가 높다. OECD 국가 중 수위도시가 전체인구에서 차지하는 비율을 보면 1인당 GNP 25,000달러 내외의 미국(2.7%), 프랑스(3.5%), 독일(4.1%), 이탈리아(4.6%), 네덜란드(4.6%), 일본(6.6%) 등은 한국(21.4%)과 비교할 수 없을 정도다. 더구나 상위 15개 도시의 인구누적 비율을 보면 우리나라가 선진국에 비해 상대적으로 높으며, 선진국가들의 주요도시가 지리적으로 편중되어 있지 않고 전국에 고르게 분포된 데 비해 우리나라는 15개 주요 도시 중 8개 도시가 수도권에 집중되어 있다.[5]

4. 지방화정책과 균형발전시대

참여정부는 출범과 함께 지방분권과 국가균형발전을 통해 지방화정책을 추구할 것을 명확히 했다. 이는 노무현 대통령후보의 선거공약이기도 했다. 정부는 3대 국정목표 중 하나를 '더불어 사는 균형발전사회'로, 그리고 4대 국정원리 중 하나를 '분권과 자율'로 정했다. 다시 말해, '분권과 자율을 통해 더불어 사는 균형발전사회를 건설'하는 것이 참여정부가 추구하는 국정목표이자 원리인 것이다. 이처럼 참여정부는 지방화에 대한 정책의지를 분명히 했다.[6)]

또한 참여정부는 '정부혁신', '지방화', '세계화'를 국가발전의 3대전략으로 설정했으며, 지방화전략을 수행하기 위해 '국가균형발전', '지방분권', '신행정수도 건설'이라는 정책을 택했다. 그리고 이러한 정부의 의지를 뒷받침하기 위해 2003년 12월 29일 "지방분권특별법", "국가균형발전특별법", "신행정수도건설특별조치법" 등 이른바 '지방 살리기 3대법'을 제정하고, 2004년 1월 29일 대전에서 '지방화와 균형발전시대'를 선포했다.

이로서 그동안의 형식적인 지방자치를 끝내고 실질적으로 지방이 중심이 되는 지방분권시대, 즉 지방화시대가 열리게 되었다. 이에 따라 중앙정부에서 지방자치단체로 권한이 이양되고 수도권에서 지방으로 자원이 분산될 수 있게 됐으며 지방이 회생할 수 있는 가능성이 생겼다(김형기, 2005).

지방화시대[7)]는 지방이 국가발전의 중심이 되는 시대를 말하며, 지방분권[8)]을 통해 지방이 스스로 자율성과 창의성을 발휘할 수 있으며,

---

5) 15개 주요도시 중 수도권에 위치한 도시는 서울, 인천, 수원, 성남, 부천, 고양, 안양, 안산 등 8개 도시이며, 지방에 소재한 도시는 부산, 대구, 대전, 광주, 울산, 포항, 창원 등 7개 도시이다.

6) 참여정부는 3대 국정목표를 '국민과 함께하는 민주주의', '더불어 사는 균형발전사회', '평화와 번영의 동북아시대'로 정하고, 4대 국정원리를 '원칙과 신뢰', '공정과 투명', '대화와 타협', 그리고 '분권과 자율'로 정했다.

7) '지방화시대' ,'지방시대'는 내용상 차이없이 같은 뜻으로 쓰인다. 또 분권의 개념을 보다 강조한 '지방분권시대'라는 표현도 있다.

8) 지방분권(*decentralization*)은 행정분권과 재정분권을 골자로 하는 중앙정부에서 지방정부로의 권

지역간 발전의 기회균등을 통해 모든 지역의 발전잠재력이 증진됨으로써 어느 지역에 거주하더라도 기본적 삶의 기회를 향유하고, 궁극적으로 국가전체의 경쟁력이 확대되는 시대를 말한다. 또한 서울을 포함한 모든 지방이 수평적 관계를 맺는 시대를 말한다.

이는 지금까지 유지되었던 국가발전모델과 국가경영 패러다임을 근본적으로 바꾸는 것으로 중앙집권국가에서 지방분권국가로, 서울 일극집중 발전체제에서 다극중심 발전체제로 국가발전전략이 전환하게

〈표 1-3〉 역대정부의 지역균형 발전정책 평가 (1962~2002년)

	주요 시책내용	평 가
3·4공화국 (1962~1979)	▪ 대도시 인구집중 방지책(64) ▪ 그린벨트 지정	대통령의 강력한 의지를 토대로 규제적 수단중심으로 추진
5공화국 (1980~1987)	▪ 수도권 정비계획법 제정(82) ▪ 수도권 규제범위를 경기·인천까지 확대	▪ 수도권 억제정책의 법적 기반 마련 ▪ 1982년 올림픽유치이후 수도권 억제정책 완화
6공화국 (1988~1992)	▪ 지역균형발전기획단 설치(89) ▪ 수도권 5개 신도시 건설	신도시주택 200만호 건설로 인한 수도권 비대화현상 심화
문민정부 (1993~1997)	▪ 수도권 공장 총량제 및 과밀부담금제 도입 ▪ 개발촉진지구도입(94) ▪ 준농림지개발 허용	▪ 세계화로 인한 경쟁력강화 차원의 규제완화정책으로 수도권 집중 초래 ▪ 준농림지개발 등으로 수도권내 공장, 주택건설 가속화 및 난개발 초래
국민의 정부 (1998~2002)	▪ 외국인투자에 대한 수도권 입지규제완화 ▪ 그린벨트 규제 완화	외환위기 극복과 구조조정과정에서 수도권 집중가속화

자료: 한표환, "국가균형발전의 필요성에 대한 인식제고", 《2004 제1기 균형발전전략과정》, p. 11.

한이양(*devolution*)과 수도권으로부터 지방으로의 자원분산(*deconcentration*)이라는 두 가지 측면을 포함한다. '권한이양'이 협의의 분권이고, '권한이양'과 '자원분산'을 모두 포괄한 것이 광의의 분권이다. 이 글에서는 협의의 개념으로 쓰인다.

된 것이다. 다시 말해, 참여정부의 지방화정책은 국가개조 프로젝트로 시대정신과 시대이념을 우리사회의 새로운 작동원리와 구체적 제도로 바꾸는 것이다.

사실 분권과 균형정책은 역대정권들도 꾸준히 추진하였다. 그러나 〈표 1-3〉에서 볼 수 있듯이 역대정권들은 분권이 동반되지 않은 분산 중심의 정책을 추진했기 때문에 지방화를 달성하기에는 그 실효성과 진정성에 많은 의문이 있었다.

그러나 참여정부는 역대 어느 정권보다 정권적 차원에서 지방화정책을 추진하였으며, 중앙권력의 지방이양이라는 '분권화', 발전지역에 밀집되어 있는 경제사회활동을 지방으로 옮기는 의미의 '분산화', 그리고 이 두 가지의 통합적 결과로 지역이란 공간이 하나의 자율적 단위로 기능하면서 다른 지역과 유기적 협력관계를 유지하는 '분업화'를 중심으로 추진하고 있다.

1) 지방분권전략

1987년 민주화 이후 역대정권들은 '행정개혁위원회', '지방이양추진위원회' 등 각종위원회를 설치해 정부혁신과 지방분권을 실현하기 위한 다양한 정책을 취했다.[9] 그러나 지방자치가 시행된 지도 10여 년이 넘었지만 중앙과 지방의 관계는 커다란 변화없이 계속되었다. 지방자치가 아니라 '중앙자치'라는 비난 속에 중앙정부의 지방에 대한 통제와 지배가 지속되었다. 그러나 참여정부 출범과 함께 분권화가 국정운영의 핵심기조로 자리하면서 중앙정부의 독점적 지방지배구조에 가시적 변화가 나타났다.

정부는 2003년 12월 29일 "지방분권특별법"을 제정하고 2004년 1월 16일 발효시켜 지방분권을 강화할 수 있는 법적 기반을 확립했다. 이

9) 1987년 민주화 이후 역대정권들은 국민의 자치요구를 수용하고 또 정부의 생산성을 향상시키기 위해 정부혁신과 지방분권을 위해 '행정개혁위원회'(노태우), '행정쇄신위원회'와 '지방이양합동심의회'(김영삼), '정부혁신추진위원회', '지방이양추진위원회'(김대중) 등이 설치됐으며, '국민의 정부'하에서 '중앙행정권한의 지방이양촉진 등에 관한 법률'이 제정됐다.

로서 중앙정부의 행정사무와 재정권한을 지방으로 이양해 권력의 지방화 기회를 확대하고 책임행정을 강화할 수 있게 했다.

분권화의 정도를 평가하는 일차적 지표는 정부의 행정사무와 재정의 이양수준이다. 2005년 현재 우리나라의 지방사무 비율은 27% 수준이며, 중앙과 지방정부 간 예산점유비는 세출면에서는 7:3이고 세원배분에서는 8:2이다. 그리고 공무원의 인건비도 충당하지 못하는 지자체 수가 151개로 전체 250개의 60%에 달한다. 말 그대로 대한민국의 지방자치는 '3할자치'도 못되는 수준이다.

참여정부는 분권화추진을 위한 '선분권후보완 원칙', '보충성의 원칙', '포괄성의 원칙' 등 3대원칙을 명문화했다. '선분권후보완 원칙'은 분권화의 결과에 대한 회의적 우려보다 신뢰를 바탕으로 분권화조치를 취한 다음 부작용을 보완한다는 것이다. '보충성의 원칙'은 기능배분에서 주민에 가까운 작은 자치단체가 우선하고, 상위정부는 보충적 사무를 담당해야 한다는 내용이다. 그리고 '포괄성의 원칙'은 개별적 단위사무 이양보다 연계성이 있는 중대형 사무를 총괄적으로 분권화시킨다는 것이다.

그리고 지방분권을 위한 중점과제로 사무이양,[10] 특별지방행정기관의 정비,[11] 지방교육자치의 개선,[12] 지방자치 경찰의 실시[13]를 별도로 명문화해 지방분권 의지를 명확히 했다. 또한 중앙정부와 지방정부의 역할재정립, 지방재정의 확충 및 건전성강화, 자치행정역량의 강화, 지방의정의 활성화와 지방선거제도의 개선, 지자체의 인사관련 권한의 확대 등을 통해 정부혁신과 지방분권을 상호연계해 분권화정책

---

10) 사무에 대해서 지방자치사무의 우선적 고려와 포괄적 배분, 기관위임사무의 정비 등을 구체적 법률용어로서 규정했다.

11) 특별행정기관은 24개 부처산하에 6,541개에 달하는데 여기에 근무하는 공무원 수도 19만 293명에 달한다. 국가유지와 전국적 통일성이 필요한 공안, 세무 등을 제외한 특별행정기관이 개편대상이다.

12) 1991년 "지방교육자치에 관한 법률"을 제정하여 운영했으나, 사실상 국가에 대한 의존도가 높고 자치단체나 학부모의 참여가 배제되어 있다는 점에서 개편을 추진하고 있다.

13) 자치경찰제도는 우선적 분권화조치로 추진되어 도입모형이 확정되었으나, 2005년 당정협의회에서 실시가 일단 보류되는 것으로 결정됐다.

을 추진한다.

참여정부의 47개 분권화과제 중 7개는 위원회 주관과제이며, 9개는 위원회 역점과제, 그리고 31개가 부처주관과제이다. 위원회 주관과제는 개혁을 선도하는 성격을 갖거나 다수부처가 관련된 과제이다. 부처주관과제는 지방분권특별법상 과제로서 소관부처가 타부처와 협의해 쉽게 해결해 나갈 수 있는 과제이다(이종수, 2005: 35).

그러나 참여정부의 분권화정책은 위원회 상호간 또는 정부부처간 유기적 네트워크가 잘 이뤄지지 못했고, 분권화정책의 주무부서인 행정자치부의 조직과 기능이 오히려 강화[14] 되었다. 대통령이 지방분권을 지속적으로 강조하고 있음에도 불구하고 행정자치부의 조직과 기능은 감축되지 않아 지방분권에 역행한다는 비판도 있다(권해수, 2005: 5). 또한 중앙정부가 지방통제관련 지방분권과제에는 신속하고 적극적이나, 중앙권한의 지방이양 또는 자율권확대에는 소극적이다. 특히 특별지방행정기관의 정비, 지방교육자치제도의 개선, 자치경찰대 창설 등 중점과제에서 해당부처의 민감한 반응과 비협조로 분권화가 제대로 실천되지 못하였다(오재일, 2005: 260~267).

2) 행정복합도시 건설

참여정부의 지방화정책에서 가장 커다란 논란이 된 것은 행정수도 건설과 이전이다. 2002년 9월 노무현 후보는 선거공약으로 "충청권에 행정수도를 건설, 청와대와 중앙정부부터 옮겨가겠다"고 발표했으며, 2003년 12월 29일 지방살리기 3대 특별법의 하나로 "신행정수도 건설특별법"을 국회에서 압도적 다수로 통과시켰다.

그러나 2004년 10월 헌법재판소는 "서울이 수도라는 사실이 국가생활의 오랜 전통과 관습에서 확고하게 형성된 법규범으로 이른바 관습헌법(불문헌법)에 전제된 규범"이라는 논리로 "신행정수도 건설특별법"

---

14) 행정자치부는 2003년 2월 1차관보, 1실, 1본부, 6국에서 2004년 6월 1차관보, 1실, 1본부, 7국으로 개편됐다. 외형상 큰 변화가 없지만, 소방방재청의 신설 및 인사관련 기능의 중앙인사위원회에로의 이관을 고려한다면 상당한 수준에서 조직확대가 되었다고 할 수 있다.

에 대해 위헌판결했다. 이로 인해 참여정부의 지방화정책을 상징적으로 나타내는 신행정수도 건설이 좌초될 위기에 놓였으나, 정부는 2005년 3월 3일 청와대, 외교·안보, 내치관련 부처를 제외한 12부 4처 2청의 중앙행정기관을 연기·공주지역 일원으로 이전하는 '행정중심복합도시' 특별법을 통과시켰다. 정부의 지방화정책 의지를 다시 한번 확인시킨 것이다. 그러나 신행정수도 건설특별법에 대해 위헌소원을 냈던 이석연 변호사를 비롯한 일부 보수세력 집단은 이러한 정부정책에 또다시 헌법소원을 제기했다.

행정중심복합도시건설은 참여정부 지방화정책의 상징적 정책이라고 할 수 있다. 국가균형발전위원회는 행정중심복합도시(행복도시)건설의 의미를 "'상생과 도약'으로 국가균형발전을 구현하는 선도적 역할을 수행"한다고 천명하고, 행정부를 중심으로 한 국가중추기관이 지방으로 이전함으로써 지방과 수도권이 상생발전할 수 있는 획기적 전기가 마련되며, 지방은 각 지역이 추진하는 전략산업 육성 및 지역혁신체계 구축 등을 통한 지역특성화 발전전략과 행정중심복합도시를 연계해 전국 각 지역이 상호보완적이며 유기적으로 연계되어 상생발전할 수 있다고 설명한다. 더불어 충청권 초광역 경제권형성을 촉진해 지역발전을 선도함으로써 일극중심의 국토를 다극체제로 전환시킬 수 있다는 것이다(국가균형발전위원회, 2005: 56~57).

3) 국가균형발전 전략

참여정부는 국가균형발전[15]을 최고 국정과제로 선정하고 균형없는 집권-집중 발전모델에서 성장과 균형이 병행하는 새로운 분권-분산모델로의 전환을 추진하고 있다. 이는 과거 압축성장을 통해 산업화를 이루었으나 그 결과 우리 사회 모든 부문에서 심각한 불균형이 초래되었

15) 국가균형발전은 "지역간 발전의 기회균등을 통해 국토공간상의 모든 지역의 발전 잠재력을 증진함으로써 어느 지역에 거주하더라도 기본적인 삶의 기회를 향유하고, 궁극적으로 국가전체의 경쟁력을 극대화하는 것"을 의미한다. 국가균형발전위원회, 《국가균형발전의 비전과 과제》(서울: 국가균형발전위원회, 2003), p.8.

고, 그로 인해 특권과 차별, 배제의 갈등구조가 형성되고 공동체의 분열이 나타났던 것을 시정하기 위한 것이다. 다시 말해, 국가균형발전은 이러한 사회적 갈등을 유발하고 공동체분열을 초래한 지역간 불균형을 극복하고 모든 지역이 고루 잘사는 균형사회를 건설하려는 것이다.

과거 지역균형발전 및 지역경제 활성화를 위한 중앙부처의 사업들은 개별부처 위주로 분산되고 분단되어 개별사업간 상호연계성이 없이 추진되었고 실질적 효과를 거두지 못했다. 참여정부는 이를 극복하기 위해 국가균형발전을 최고 국정과제 중 하나로 설정했다.[16]

참여정부의 국가균형 발전전략이 과거와 근본적으로 다른 것은 지방분권, 지방분산, 지방분업 등 3분정책을 통해 수도권과 비수도권이 함께 성장할 수 있는 '상생전략'을 추구한다는 점이다. 그리고 지방이 내생적 발전전략을 통해 스스로 일어서도록 지역의 자생적 혁신역량에 기반한 '자립형 지방화'를 실현한다. 그 과정에서 지방의 문제를 민주적 거버넌스인 지역혁신협의회를 통해 스스로 결정할 수 있도록 했다. 결론적으로 참여정부의 국가균형 발전전략은 기본은 보장하면서 차이를 인정하는 '통합적 균형과 역동적 균형의 병행전략'이라고 할 수 있다.

통합적 균형이란 SOC, 환경, 물류, 정보통신 등의 물리적 인프라와 주택, 의료, 교육, 문화 등의 생활인프라 측면에서 전국최소기준을 충족함으로서 권역간 형평성을 확보하는 것을 말한다. 이는 향후 발전과정에서 지역간 격차가 불가피하게 발생하게 되며 이때 각 지역이 이를 스스로 인정할 수 있도록 하기 위한 것이다. 따라서 초기조건의 균형이 필요하다. 그리고 역동적 균형이란 지역이 혁신능력을 제고하여 모든 지역이 역동적 발전을 촉발함으로서 지역의 잠재력과 비교우위를 극대화하는 것을 말한다. 이는 참여정부에서 제시된 새로운 균형발전 개념으로 통합적 균형과는 달리 지역에서 구축되는 지역혁신체계간의 경쟁과 협력을 통해 가치창출이 이뤄지는 균형발전과정이다(김형기,

---

16) '지역'균형발전이 아니라 '국가'균형발전이라는 용어를 쓰는 이유는 첫째, 과거의 국가정책에서 주변에 머물렀던 균형발전이라는 의제가 이제는 전국가적 의제(*national agenda*), 즉 대통령 국정과제로 격상되었다. 둘째, 의존형 지방화에서 자립형 지방화로 전환이라는 새로운 접근방식을 강조하기 위한 것이다.

2005: 64). 이러한 역동적 균형은 결과의 균형이 아니라 기회의 균형으로, 진정한 지역혁신을 통해 역동적 발전을 구가할 수 있는 것을 의미한다.

전국의 각 지역이 각각의 특성과 비교우위를 바탕으로 특성화 발전전략을 수립해 '전국이 개성 있게 골고루 잘사는 사회건설'이 참여정부가 추구하는 국가균형발전의 비전이다. 내용적으로 행정중심복합도시의 건설, 공공기관 지방이전과 혁신도시건설, 지역특화발전을 위한 혁신클러스트 육성, 지역특화 발전특구, 낙후지역개발을 위한 신활력사업추진, 동북아 경제중심도시권으로서 수도권의 질적 발전 유도 등을 추진한다.

〈표 1-4〉 국가균형발전 패러다임의 변화

구 분	전통적 패러다임	새로운 패러다임
발전목표	▪ 총량적 성장 ▪ 효율성 추구 ▪ 국가발전	▪ 삶의 질 향상 ▪ 균형과 효율/발전 동시추구 ▪ 지역발전을 통한 국가발전
지역의 성격	▪ 이중적 구분 ▪ 발전지역과 저발전 지역 ▪ 공간적 차별성/획일성 ▪ 지역의 국지성	▪ 다면적 구분 ▪ 지역구조의 다양성 ▪ 공간의 정체성/복합성 ▪ 지역의 광역화
추진주체	▪ 중앙부처 중심(중앙의존형) ▪ 하향적 집권화 ▪ 지역이기주의 조정 곤란	▪ 지방중심(지방자립형) ▪ 상향적 분권화 ▪ 지역간 상호의존/협력촉진
지원방식 및 효과	▪ 지원주체별 부분적 · 산발적 분산 지원 ▪ 중복투자로 시너지효과 미비	▪ 지원주체간 협력에 바탕해 종합적 · 체계적 · 입체적 지원 ▪ 지역별 특성화발전으로 효과 극대화
발전전략 및 지원이념	▪ 자본, 물질 중심 ▪ 제조업중심 ▪ 대기업중심 ▪ 정치성 강조(균등분배원칙)	▪ 정보/기술, 문화중심 ▪ 서비스 및 부문간 연계 ▪ 대기업-중소기업 간 협력 ▪ 권역간 균형, 권역 내 효율

자료: 국가균형발전위원회(2003), 《국가균형발전의 비전과 과제》, p. 15.

〈표 1-4〉에서 볼 수 있듯이 국가균형발전의 패러다임은 발전목표와 지역의 성격, 추진주체, 지원방식 및 효과, 그리고 발전전략 및 지원 이념에서 과거의 패러다임과 다른 모습을 보여준다. 발전의 목표가 과거처럼 단순한 국가발전이 아니라 지역발전을 통한 국가발전을 추구하며, 효율성만 강조하기보다는 균형과 효율을 조화시키려 한다. 또한 내부적 균형보다는 전체의 합이 중요했던 데 비해 이제는 전체를 이루는 각각의 내용이 더 중요한 의미를 갖는다.

그리고 발전과 성장의 추진주체가 중앙정부에서 지방으로 바뀌었다. 중앙에서 모든 계획을 세우고 지방에 명령하는 하향적 체제에서 지방이 중심이 되어 스스로 지역발전전략을 기획하는 상향적 분권화의 모습을 보인다. 또한 지역간 상호의존과 협력을 중시한다. 중앙과 지방 사이의 연결만이 중요성을 가지고 지방간의 연결이 제한되어 있었던 데 반해서 이제는 지방 사이의 네트워크가 더 활성화되고 중요성을 더해간다. 그리고 각 지역별 또는 권역별로 최소한의 발전기반을 충족시키는 통합적 균형과 혁신능력을 제고해 지역의 비교우위를 극대화하는 역동적 균형을 적절하게 조화시킴으로써 권역 내 형평성과 권역간 효율성을 실현할 수 있다. 기존의 균형발전정책은 수도권억제를 통한 국가균형발전을 도모하는 데 역점을 두었으나 참여정부는 수도권과 비수도권의 기능과 역할을 미래지향적으로 재정립함으로서 양자가 모두 번영할 수 있도록 하였다.

공공기관 지방이전과 동시에 수도권은 양적 팽창으로 인한 '과밀의 비경제'와 지방의 침체라는 국가전체의 비효율에서 탈피해 수도권은 도시권으로서 높은 경쟁력과 삶의 질을 동시에 향유하도록 하고, 지방은 특성화된 산업발전을 통해 자립적 발전역량을 강화시키고자 하는 것이다. 현재와 같은 수도권 과밀집중으로 인한 폐해와 수도권과 비수도권과의 격차를 감안한다면 국가균형 발전제도를 먼저 정착시키고 지방의 자생력이 확보된 후에 수도권규제의 합리화를 위한 개선조치는 수도권과 지방의 참여와 협력하에 합리적이고 체계적으로 추진되어야 한다.

(1) 공공기관 지방이전

지난 40년간 집권·집중체제하에서 추진된 불균형발전전략으로 지역간 불균형이 심화되고, 특히 수도권의 과밀현상과 지방의 침체라는 양극화현상이 지속되어 국민통합과 국가발전은 수많은 장애를 받았다. 공공기관 지방이전은 이를 극복하기 위한 정책이다. 지역불균형을 균형발전전략으로 전환해 국가경쟁력 강화를 선도하고 공공기간의 기능적 특성과 지역전략산업 및 혁신클러스터를 연계해 자립형 지방화 및 지역발전을 도모하고, 동시에 수도권의 질적 발전의 계기를 만드는 공간적 차원의 국가개조전략이다. 프랑스, 영국, 일본 등 수도권과밀이 심각한 서구선진국들은 공공기관이전을 수도권인구 및 지역균형발전을 위한 주요 정책수단으로 삼는다.[17]

〈표 1-5〉에서 볼 수 있듯이 과거에는 대통령지시에 따라 간헐적이고 한정적으로 추진했으나, 참여정부에서는 "국가균형발전특별법"에 법적 근거를 두고 지속적이고 포괄적으로 추진하고 있다. 또 이전지역도 수도권을 제외한 전 지역을 확대되었으며, 개별이전에서 기능별 집단이전을 확대됐다. 수도권에 소재한 270개 공공기관 중 수도권에 소재할 특별한 이유가 없는 176개 공공기관들이 수도권과 정부 제3청사가 소재한 대전을 제외한 지방으로 이전키로 결정됐다. 그리고 공공기관 지방이전에는 지역전략산업 육성과 연계하여 산·학·연·관 네트워킹을 구축할 수 있도록 관련기능군을 집단이전하는 '효율성원칙'과 수도권과 대전을 제외한 12개 시·도의 낙후도 또는 지역발전정도 등을 감안하여 배치하는 '형평성원칙'이 적용됐다.

각 광역단체들은 12~13개 내외의 공공기관을 배정받았으며, 공공기관이 들어설 '혁신도시'를 10월 말까지 결정하기로 했다. 혁신도시는 지방이전 공공기관 및 산·학·연·관이 서로 긴밀히 협력할 수 있는

17) 영국은 런던지역 과밀해소와 낙후지역 활성화 및 행정개혁의 일환으로 1960년대부터 런던과 남동부에 소재한 공공기관을 지방으로 이전하였다. 2003년부터 2010년까지 2만여 명을 추가로 이전할 계획이다. 일본도 동경권 과밀해소를 위해 1988년 1월 공공기관 이전방침을 결정하고 '다극분산형 국토형성촉진법'제정 후 2002년까지 40개 국가기관, 19개 공공법인의 이전을 완료했다. 연구기관은 츠쿠바, 관서연구단지에 집단이전하였다.

〈표 1-5〉 종전 추진방식과 참여정부 공공기관 지방이전과의 차이점

구 분	종전의 이전추진사례	참여정부 공공기관 지방이전계획
목 표	수도권 인구분산	수도권 과밀해소 + 지역특성화계획
계획의 근거	대통령(총리) 지시	국가균형발전 특별법
이전기관	한정적	포괄적
이전지역	수도권 및 충청권	비수도권지역
이전방식	기관별 개별이전	기능별 집단이전

참고: www. balance. go. kr.

최적의 혁신여건과 수준 높은 주거·교육·문화 등 정주환경을 갖춘 새로운 차원의 미래형도시를 말한다.

(2) '자립형 지방화'와 '지역혁신체계'(RIS) 구축

지금까지 우리나라의 지방은 '내생적 발전전략'을 통한 자립형 지방화를 추진하기보다는 중앙정부에 집중된 자원을 보다 많이 배분받으려고 서로 로비경쟁을 벌이는 의존형 지방화에 머물렀다. 능력 있는 단체장들은 중앙에서 보다 '많은 돈을 따오는' 단체장이었다. 따라서 지방의 단체장들은 많은 시간을 서울을 오가며 지내야 했다.

이를 극복하기 위해 참여정부는 지역의 자생적 혁신역량에 기반한 '자립형 지방화'를 추진하였다. 자립형 지방화는 중앙정부에 의한 하향적 정책개입이나 지원으로는 불가능하고, 지방정부나 지역시민사회가 스스로 지역혁신과 경쟁을 창출해내는 자율역량을 만들어 가는 것에 의해 가능하다. 따라서 분권자치를 바탕으로 중앙과 지방, 공공과 민간 간의 다양한 협력을 통해 지방사회의 혁신을 창출하는 방식이 중요하다. 중앙정부의 의사결정과 재정지원에 기대는 지금까지의 '의존적 지방화'를 벗어나 지방이 스스로 일어설 수 있도록 하는 것이다.

이를 위해 정부는 통합적 균형과 역동적 균형을 통해 지방이 균형적으로 성장할 수 있도록 한다. 통합적 균형이란 SOC, 환경, 물류, 정보통신 등의 물리적 인프라와 주택, 의료, 교육, 문화 등의 생활인프

라 측면에서 전국최소기준을 충족함으로서 권역간 형평성을 확보하는 것을 말한다.

역동적 균형이란 지역이 혁신능력을 제고하여 모든 지역이 역동적 발전을 촉발함으로서 지역의 잠재력과 비교우위를 극대화하는 것을 말한다. 이는 참여정부에서 제시된 새로운 균형발전개념으로 통합적 균형과는 달리 지역에서 구축되는 '지역혁신체계'(*Regional Innovation System*)간의 경쟁과 협력을 통해 가치창출이 이뤄지는 균형발전과정이다.

1990년대 중반 이후 세계화로 지역간 경쟁이 심화되면서 유럽의 학계 및 정책당국자들을 중심으로 지역혁신체계 논의가 등장했다. 지역의 경쟁력을 확보하기 위해서는 그 지역이 혁신을 위한 좋은 환경, 즉 좋은 혁신체계를 갖추는 것을 강조한 것으로, 지역혁신체계는 지역 내 경제주체간의 상호작용과 공동학습을 가능케함으로써 지역의 자생력을 키우는 데 있어 다른 어떤 시스템보다 효과적이라는 발전철학에 근거한 것이다(김영정, 2004: 69~70).

이러한 혁신체계는 국가혁신체계(NIS) 연구에서 출발했다. 혁신체계의 개념은 1980년대 중반이후 프리만(Freeman), 룬드발(Jundvall) 등이 '국가혁신체계'(NIS) 논의를 본격화하면서 확산되기 시작했다. 이후 지식기반경제로의 전환에 따라 국가단위보다 지역단위의 상호작용과 공동학습이 경쟁력창출에 더욱 유리하다는 쿠크(Cooke)의 주장을 통해 지역혁신체계 개념이 정립되었다. 이러한 지역혁신체계 논의는 내생적 발전을 위한 성장엔진을 지역내부에 구축함으로써 세방화(*glocalization*)에 따른 새로운 환경변화에 대처하려는 세계적 차원의 새로운 시도라고 할 수 있다(균형발전위원회, 2003: 22). 그러나 혁신체계에 대한 연구의 유효성은 국가의 영역에만 한정되는 것이 아니다. 국가의 하위단위인 지역혁신체계의 개념으로 활용될 수 있다. 왜냐하면 혁신은 상호작용이며 누적되는 성격을 지니고 있어서 혁신체계가 형성되기 위해서는 어느 정도의 사회적, 공간적 근접성을 요구하기 때문이다.

지역혁신체계는 지역별로 전략산업을 선택하고 이 산업들을 클러스터로 형성하며 산업클러스터를 중심으로 지역혁신을 주도할 지역혁신주체(*innovator*)를 형성하고 이들 혁신주체들을 네트워킹하는 것이다(김형기 2005: 63).

(3) 민주적 거버넌스

거버넌스(*governance*)는 통상정부의 통치(*government*)와 대비되는 개념으로 다양한 사회구성 주체들과의 협력적 관계에 입각한 새로운 정부운영방식으로서 민-관파트너십을 말한다. 다시 말해, 중앙집권화된 정부가 주도하는 관료제적 행정과 구분되는 기업 및 민간조직의 참여에 기반한 네트워크형 열린 행정을 의미한다. 이는 기존의 수직적이고 위계적인 통치체계로부터 정부와 민간의 협력적 통치로 이행하는 패러다임의 변화상을 반영한 것이다(Jessop, 1998: 29~45).

과거 대부분의 정부는 정보, 정책형성, 결정, 집행과정에서 거의 배타적이고 독점적인 지위를 가졌다. 그러나 사회가 복잡해지면서 정부는 시민사회의 적극적 참여를 필요로 하게 되었다(임성학, 2002: 162~163). 이는 한편으로는 공적 혹은 사적인 행위자, 이익집단, 전문가와 시민들이 정책실행에 필수적인 중요한 자원, 즉 자금, 조직, 지식 등을 통제하고 있어 정부의 정책결정을 비토, 지연, 방해할 수 있는 능력을 가졌기 때문이다. 다른 한편으로는 다원화되고 복잡한 현대사회에서 지식과 정보를 집중화시키는 것이 불가능해져 사회문제해결을 위해서 전문가와 다른 여타 사회적 행위자와의 공조가 필요하게 되었다.

시민사회 입장에서도 거버넌스는 수동적 '국민'을 능동적 '시민'으로 바꾸는 중요한 역할을 한다. 국민이 단지 국가의 통치를 받는 수혜자에 머물러 있는 한 결코 자기자신이 '능동적 주체'(*active subject*)로서의 시민이 될 수 없다. 현대사회에서 정책의 효율성을 높이고 시민의 참여를 불러일으키기 위해서는 무엇보다 대중의 성격이 변해야 한다. 민주화를 위해 저항했던 '민중'도 비판적 행위를 하지만 민주화 이후에 정책적 참여를 담당할 수 있을 정도의 능력은 부족한 형편이다. 그래서 수동적 국민이나 저항적 민중이 능동적이고 창의적인 시민으로 전환되기 위해서 그들의 역량강화가 필요하며, 이를 위한 가장 좋은 방법이 그들을 거버넌스에 참여시켜 능동적인 정치적 주체로 거듭나게 하는 것이다(Fung and Wright, 2003: 5). 이러한 이유는 정부와 시민사회가 협력할 필요성을 느끼고 결국 거버넌스의 구축까지 이어진다. 정부는 자립형 지방화의 실행체계로서 지역혁신 거버넌스체계(*Regional innovation governance system*)를 구축하였다.

전국 16개 광역행정단위에 심의 및 자문기관으로 '지역혁신협의회'가 법률에 의해 만들어졌으며, 기초 시·군·구에는 임의기구로 120여 개의 지역혁신협의회가 구성되었다. 이는 지역 내 산·학·연·관 혁신주체들이 참여하는 지역 거버넌스의 추진체이며, 다양한 지역혁신체계를 전체적으로 망라하는 지역전체 수준의 대표적 체계라고 할 수 있다.

5. 지방화시대의 과제와 전망

세계화의 진전으로 국가의 역할이 점차 축소되고 지방의 역할이 강화되었다. 이러한 상황에서 2003년 새롭게 출범한 참여정부는 세계적 변화에 적극적으로 대처하면서 동시에 우리 사회의 민주주의를 공고화하기 위해 분권과 균형발전에 기반한 지방화정책을 적극적으로 추진하였다. 이는 시대정신과 시대이념을 우리사회의 새로운 작동원리와 구체적인 제도로 바꾸는 것으로 어떤 의미에서 국가운영방식을 전면적으로 바꾸는 장기 국가개조 프로젝트라고 할 수 있다.

2004년 1월 '지방화와 균형발전시대'를 공식선포한 참여정부는 '국가균형발전', '지방분권', '신행정수도 건설'을 3개의 축으로 지방화정책을 추진하였다. 분권과 분산 그리고 분업의 3분정책을 통해 지역이라는 공간을 통해 국가시스템을 재편하는 것이다. 이는 지금까지 중앙정부에 의존해 발전을 추구하던 방식이 아니라, 자신의 역량을 통해 스스로 발전을 추구하는 '내생적 발전전략'을 통한 자립형 지방화를 통합적 균형과 역동적 균형의 조화를 통해 추진한다.

2년 반이 지난 시점에서 정부의 지방화정책은 한편으로는 기득권세력의 저항으로, 다른 한편으로는 내부 혁신역량의 부족으로 서로 다른 결과를 냈다. 특히 행정수도와 공공기관 지방이전 등은 수도권주민과 일부정파를 중심으로 한 격렬한 저항에 부딪쳤다. 지방분권은 지지부진한 상태이고, "신행정수도건설특별법"은 헌법재판소로부터 위헌판결을 받았다. 물론 행정중심복합도시(행복도시)건설로 정부의 굳건한 지방화의지를 다시 표명했지만 또다시 헌법소원이 제기된 상태이다.

176개 공공기관 지방이전은 지방화시대를 상징적으로 보여준 것으로 참여정부가 추진하는 지방화정책 중에서 어렵게 성공한 사례라고 할 수 있다. 아직 참여정부의 지방화정책에 대해 이런 저런 결론을 내리기에는 너무 이른 시간이다. 그러나 지금까지 진행된 지방화정책에 나타난 문제점들을 보면서 향후 지방화정책을 전망해보자.

첫째, 지방분권을 가속화해야 한다. 참여정부는 지방분권을 위해 '선분권후보완 원칙', '보충성의 원칙', '포괄성의 원칙' 등 3대원칙을 명문화했다. 그리고 지방분권 중점과제로 사무이양, 특별지방행정기관의 정비, 지방교육자치의 개선, 지방자치 경찰의 실시를 별도로 명문화해 지방분권 의지를 명확히 했다. 또한 중앙정부와 지방정부의 역할 재정립 등 모두 47개의 과제를 설정해 분권을 추진하였다.

그러나 참여정부의 분권화정책은 위원회 상호간 또는 정부부처간 유기적 네트워크가 잘 이뤄지지 못했고, 분권화정책의 주무부서인 행정자치부의 조직과 기능이 오히려 강화되었다. 또한 중앙정부가 권한의 지방이양 또는 지방의 자율권확대에는 소극적이다. 특히 특별지방행정기관의 정비, 지방교육자치제도의 개선, 자치경찰대 창설 등 중점과제에서 해당부처의 민감한 반응과 비협조로 분권화를 제대로 실천하지 못하였다. 결과적으로 균형발전의 전제라고 할 수 있는 지방분권이 지난 2년 동안 로드맵 작성과 논의에만 치중되어 있을 뿐 실질적 진전이 없었다고 할 수 있다.

지방분권의 지연은 지방화에 대한 국민들의 불신과 냉소를 가져올 수 있다. 정부의 지방분권에 대한 약속 그리고 지방과의 약속을 지켜야 한다. 이는 궁극적으로 정부의 지방화정책을 무산시킬 수도 있다. 특히 자치경찰과 교육자치 등 분권을 명문화한 사항에 대해서는 '선분권후보완' 원칙에 따라 빠른 시일 내 지방으로 권한을 이양해야 한다.

둘째, 국가균형발전계획을 구체적으로 추진할 기관이 있어야 한다.

근대사회에서 국가가 권력 또는 사회조절의 구심이었다면 탈근대사회에서는 국가, 시민사회, 시장영역으로 권력이 분산되고 각 영역의 상대적 자율성이 증대하면서, 3영역간 협력을 통한 사회조절양식이 보편화되고 있다. 이른바 '협치'(*governance*)가 국가중심의 통치(*government*)를 대신한다. 과거 국가가 '지배권력'을 국민들에게 일방적으로 행사한 데 반해, 거버넌스하에서 국가는 시민들과의 소통을 통해 자신의 정당성과 정책효율성을 높이는 '협의권력'을 갖는다.

하버마스는 사회의 권력을 '행정적 권력'과 '의사소통적 권력'으로 나누어 전자를 정부의 권한으로 인정하고 후자를 시민사회의 능력으로 간주했다. 시민사회는 공론장에서 토론과 토의를 거쳐 합의된 공적인 의견을 만들어가는 '의사소통적 권력'을 소유하는 반면, 정부는 그 합의된 내용을 왜곡됨이 없이 잘 시행하는 '행정적 권력'을 소유한다. 그리고 한 사회가 잘 통합되기 위해서는 두 권력사이에 분리와 균형이 잘 이루어져야 한다(Habermas, 1996: 173). 거버넌스하에서도 정부는 여전히 가장 중요한 정치행위자이다. 정부와 거버넌스는 서로 배치되는 개념이 아니라 상호보완적인 것으로 이해되어야 한다.

참여정부 2년에 대한 평가결과, 중앙부처간의 업무중복이 자치단체에 그대로 투영되어 종합적 지역발전계획 수립이 어려우며, 지역수준에서 국가균형발전 추진기구인 지역혁신협의회는 기획능력과 집행력이 취약한 상태에 있다.

그리고 지방분권개혁도 중앙공무원의 소극적 자세와 기득권방어 노력 때문에 로드맵에 의한 일관된 정책추진이 어렵다. 따라서 부처간 이견을 조정하고 집행력을 가진 국가균형발전 추진체계를 분명히 할 필요성이 있다. 예를 들면 국가균형발전위원회를 행정기구로 전환하고, 지역혁신협의회 산하에 지역혁신기획단을 설치해 주민의 '의사소통적 권력'이 왜곡됨이 없이 제대로 시행될 수 있도록 '행정적 권력'을 갖추어야 한다. 예를 들면, 국가균형발전의 추진을 위한 기구로 중앙에 가칭 '국가균형원'을 그리고 각 지방에 '지역발전청'을 설치해 지방화정책을 추진하도록 해야 한다.

셋째, '지역혁신협의회'의 구성과 역할이 바뀌어야 한다. 지역혁신체계의 구축을 핵심으로 하는 혁신주도 발전전략은 지식기반경제로의 이행을 촉진하는 데 적합한 발전전략이다. 그리고 이를 위해 지역 거버넌스인 지역혁신협의회의 기능과 역할은 중요한 의미를 가진다. 해당지역에 살면서 그 지역문제에 전문가들의 기구인 지역혁신협의회가 지역혁신과 발전의 중추적 역할을 담당하는 것이다.

그러나 현재 지역혁신체계가 관변단체화되어 제대로 작동하지 못하고 있다. 특히 2006년 5월 지방선거를 앞두고 선거조직화할 우려도 제기되었다. 이는 '지역혁신협의회'가 법적 위상이 취약하기 때문이다. 지역혁신을 위한 거버넌스로서 '지역혁신협의회'가 법적 기구로 설치되어 있지만 심의 및 자문기관으로 역할이 한정되어 있으며, 또한 실질적으로 단체장에 의해 위원으로 위촉되기 때문에 지역혁신과 지역발전을 주도적으로 이끌어가기에는 너무 힘이 약하다. 쉽게 말해, 광역단체장에 의해 실질적으로 임명되는 지역혁신위원들이 지역발전을 위한 '좋은 결정'을 실질적인 임명권자인 단체장의 의사에 반해서 내릴 수 없다.

따라서 지역혁신협의회가 강화되고 단체장으로부터 독립할 필요성이 있다. 지역혁신협의회가 말 그대로 지역발전의 민주적 거버넌스로서 중추적 역할을 하기 위해서는 위원구성은 물론이고 구성방법이 민주적이고 자율적이 되어야 한다. 거버넌스가 관료제 또는 정부 등 소수에 의한 결정이나, 시장 등 '보이지 않는 손'에 의한 결정보다 자율적 조직들간의 대화, 협상, 조정을 통한 타협, 동의 등 민주적 결정이 중시되어야 한다.

마지막으로 주민의 적극적 참여를 확대해야 한다. 즉 참여를 제도화할 필요가 있다. 사실 분권화가 자치를 보장해주지는 않는다. 사무와 재원의 이양이 곧바로 주민참여를 확보해주지 못하는 것이다. 따라서 분권과 자치는 함께 가야 한다. 적절한 분권이 없이는 자치가 성숙되기 어렵고, 자치가 없이는 분권이 오히려 해악적일 수도 있다. 일방적인 분권에는 지역민의 의사가 무시되고 지역 기득권세력만의 강화로 이어지는 위험이 도사리고 있다. 따라서 분권에는 민주적 주민의 참여가 보완될 필요가 있다.

시민참여는 정책을 위한 아이디어를 제공해줄 뿐 아니라 정책의 정당성부여 그리고 정책의 집행효과의 제고를 위해서도 중요하다. 따라서 시민투표, 시민소환, 시민발의 등 직접민주제의 시행과 주민총회의 설치, 공익소송제의 도입, 주민자치위원회의 참여기구화 등 다양한 참여제도를 확충해야 한다.

■ 참고문헌

국가균형발전위원회(2003), 《국가균형발전의 비전과 과제》, 국가균형발전위원회.

______(2005), 《동북아시대의 한반도 공간구상과 균형발전전략》, 국가균형발전위원회.

권해수(2005), "참여정부 행정개혁에 대한 비판적 성찰", 서울 행정학회 동계학술대회 발표논문.

오재일(2005), "분권형 선진국가 건설을 위한 정부혁신과 지방분권의 과제", 《참여정부 2년 평가와 3년 전망 심포지엄: 민주적 발전모델과 선진한국의 진로》, 대통령자문 정책기획위원회.

이동수(2005), "한국의 정부와 시민사회: 거버넌스를 중심으로" 《NGO연구》 제3권 제1호, pp. 191~218.

이종수(2005), "분권화시대의 국정관리와 리더십: 국가의 수직적 재구조화에 따른 대응방식의 모색", 한국정치학회 춘계학술회의 발표논문.

이정식(2005), "참여정부의 균형발전전략과 혁신도시정책의 의의", 전주권 혁신도시 조성을 위한 심포지엄 발표논문.

김영정(2004), "자립적 지방화의 사회제도적 조건", 《열린전북》 2004년 5월호.

김형기(2005), "'분권-혁신-통합'에 기초한 국가균형발전의 비전과 정책과제", 《참여정부 2년 평가와 3년 전망 심포지엄: 민주적 발전모델과 선진한국의 진로》, 대통령자문 정책기획위원회.

김형기(2002), "지방분권과 지역혁신: 지역발전의 새로운 비전", 김형기 편, 《지방분권 정책대안》, 서울: 한울아카데미.

성경륭(2004), "국가균형발전의 비전과 과제", 《국가균형발전으로 가는 길

(1)》, 국가균형발전위원회.

송기도 · 최윤국 · 최낙원(1998), "스페인 까딸루냐 지방연구: 분권의 확대와 지역분쟁", 《라틴 아메리카 학회》 제 11권 제 1호, pp. 133~179.

임성학(2002), "정책결정의 거버넌스: 이론적 접근", 김석준 외, 《거버넌스의 정치학》, 서울: 법문사.

임혁백(2005), "세계질서의 변화와 한반도 구상", 국가균형발전 정책 심포지엄 발표논문.

이철우(2005), "지역발전의 새 패러다임: RIS", 《분권혁신 관리자과정 강의 교재》, 대구 · 경북 분권혁신아카데미.

조명래(2005), "지역균형발전과 NGO의 역할의 가능성과 한계", 《NGO연구》 제 3권 제 1호, pp. 219~248.

한표환(2004), "국가균형발전의 필요성에 대한 인식제고", 《2004 제 1기 균형발전전략과정》, 국가균형발전위원회.

홍덕률(2004), "지방분권-지역혁신의 현황과 과제", 《지역사회연구》 제 12권 제 2호, pp. 21~41.

Barber, Benjamin(1995), *Jihad vs McWorld: How Globalism and Tribalism Are Shaping the World?* New York: Times Books.

Bull, Hedley(1977), *Anarchical Society*, London: MacMillan.

Fung, Archon and Eric Olin Wright(2003). "Thinking about Empowered Participatory Governance", Eds. Archon Fung and Eric Olin Wright, *Deepening Democracy: Institutional Innovations in Empowered Participatory Governance*, London: Verso.

Habermas, Jürgen(1996), *Between Facts and Norms: Contributions to a Discourse Theory of Law and Democracy*, Tr. William Rehg. Cambridge: The MIT Press.

Jessop, Bob(1998), "The Rise of Governance and the Risks of Failure: the Case of Economic development", *International Social Science Journal* 50(155), pp. 29~45.

Pierre, Jon and B. Guy Peters(2000). *Governance, Politics and the State*, London: Macmillan.

2 사회적 파트너십과 미래의 노사관계

최영기

1. 문제의 제기

세계경제는 이미 1980년대부터 일자리 창출경쟁에 돌입했다고 할 수 있다. 1980년대 대부분의 OECD국가들이 저성장·고실업시대에 돌입하면서 근로자들의 근로의욕이 떨어지고 복지의존성은 높아지면서 심각한 재정위기와 사상초유의 고용위기에 빠져들었다. 이를 타개하기 위한 경재개혁조치들은 사회적 갈등을 유발하고 흔히 정치위기로까지 치닫곤 하였다. 이러한 상황에서 정치와 경제 그리고 사회적 위기를 타개하기 위한 국가적 의제로서 실업극복과 고용창출전략이 제시되었다. 이들의 고용창출전략은 단순히 경기순환적 차원의 실업대책이 아니라 경제재건이나 국가재창조를 위해 근본적 개혁이나 구조개편이 불가피하다는 인식하에 추진되었다.

지금 한국경제가 당면한 일자리문제는 1980~1990년대 OECD 국가들이 직면했던 고용위기와는 그 성격이 조금 다르다. OECD국가들은 전통제조업의 경쟁력을 잃어 가면서 대량실업 사태가 발생하였고 이것이 장기실업으로 이어져 고실업의 고착화현상에 직면하게 되자 이에 대한 처방을 내놓기 시작한 것이다. 이에 비해 한국은 이러한 고질적인 고실업상태에 돌입하지는 않았으나 그것이 우려되는 시점에 있다는 것은 부인할 수 없다. 한국경제는 아직도 향후 5년간 매년 30~40만 개의 일자리를 창출하기 위해서는 매년 5~6%의 성장이 필요한 중진국수준에 있다. 또한 급속한 외국인 직접투자 유치로 세계의 공장으로 탈바꿈하는 중국경제의 부상에 직면해 반도체·자동차·전차·조선·섬유화학·기계·철강업종 등 핵심전략산업이 제공하는 좋은 일자리를 얼마나 오랫동안 잘 유지할 것이냐 하는 것도 문제이다. 이런 업종이 대부분 노동조합 조직사업장이고 획기적인 기술혁신보다는 지속적인 공정혁신과 작업장혁신으로 생산성을 향상시켜야 경쟁력을 유지할 수 있다는 점에서 일자리창출과 노사관계 혁신의 깊은 연관성에 유의해야 한다. 그리고 이런 업종에서 경쟁력을 잃게 되면 일시에 대량실업이 발생하고 직업전환이 쉽지 않아 장기실업으로 이어지고 지역경제 전체가 타격을 입는 큰 경제적 파급효과를 몰고 올 수 있다. 이것을 노사간의 고용안정협약으로 막을 수는 없다.

한국 노동시장의 또 하나의 특징은 1997년 경제위기 이후 더욱 가속화되는 노동시장 양극화현상이다. 좋은 일자리·제대로 된 일자리(*decent jobs*)가 감소하고 그렇지 못한 일자리가 상대적으로 더 많이 증가하였다. 정규직과 비정규직 간의 임금·근로조건 격차나 기업규모간 임금격차가 1997년 경제위기 이후 확대되는 현상은 전반적으로 고용의 질이 악화되었다는 것을 의미하지만 더 중요한 것은 일자리가 양극화되었다는 점이다. 임금수준과 법정복리·사내복지 격차만이 아니라 법정근로기준의 준수정도, 노동조합의 교섭력과 단체협약에 의한 보호여부 그리고 교육·훈련과 산업안전 면의 차이 등을 감안할 때 비정규직 근로자들과 중소영세기업 근로자들이 보다 나은 일자리를 원하는 것은 너무나도 당연하다. 구직난 속에서도 일부업종에서 만성적인 구인난을 겪는 것은 고용의 질과 깊은 관련이 있다. 이런 일자리를 좋은 일자리로 만들기 위한 노사간, 대기업·중소기업간, 그리고 정규·비정규 근로자간의 긴밀한 협의와 협조행동이 필요하다. OECD(2000) 분석에서도 한국경제가 혁신주도형 성장으로 나아가려면 이런 부문에서 인력의 고급화를 통한 생산성제고가 필수적이라는 점을 지적한 바 있다. 이런 일자리가 고급화될 때 관련기업의 고도화도 가능할 것이며 이것은 결국 신규인력을 흡수할 수 있는 일자리창출 능력향상으로 이어질 것이다. 한편 시장주도의 개방적 지식기반경제로 진전될수록 인적자원의 고급화는 기업경쟁력의 핵심으로 자리잡아갈 것이다.

이를 위한 기업혁신은 모든 근로자들의 적극적 참여를 필요로 한다. 전체 노동조합 조직률은 2004년 기준으로 11% 수준을 맴돌지만 300인 이상 대규모사업장의 노조조직화 비중은 75% 수준에 이른다. 재벌 대기업과 공기업 그리고 금융기관의 정규직을 중심으로 조직된 한국의 기업별 노동조합들은 장기적으로 유연화의 압력으로 교섭력을 점차 잃어가겠지만 기업혁신을 지연시키고 이에 대한 동참을 거부할 정도의 투쟁력은 갖추었다고 보아야 한다. 1990년대 이후 민간대기업의 경영혁신전략이 큰 성과를 내지 못했던 점이나 공기업의 부실한 경영은 이러한 한국의 노사관계적 특성과 무관치 않다.

1990년대 초반 기업경영자들은 1987년 이후의 노동비용 상승과 작업장 민주화추세에 대응하기 위하여 신인사제도 또는 신경영전략이라는 이름하에 임금·직무체계의 개편 등을 시도하였다. 그러나 기업내부시장에서의 기능적 유연성제고를 위한 기업 측의 이러한 노력들은 대부분 기업노동조합의 완강한 저항에 큰 성과를 내지 못한 것으로 평가된다. 경제위기를 거치면서 기업들은 새로운 고용관리전략을 들고 나왔다. 보다 직접적인 고용유연화 전략으로서 광범위한 명예퇴직과 아웃소싱 그리고 사내하청과 다양한 형태의 비정규고용을 확대하는 등 수량적 유연성제고를 추구하기 시작한 것이다. 수량적 유연화전략은 자신들이 인사이더로 남아 있는 한 조직노동의 저항강도를 완화시킬 수 있다. 인사이더 중심의 노사담합이 가능한 것이다. 1990년대 초의 기능적 유연화전략이 인사이더의 직접적 양보(임금안정화·생산성제고를 위한 협력)를 전제로 기업차원의 생산성연합(*productivity coalition*)을 위한 시도였다면 1990년대 말 이후의 유연화전략은 노동시장을 분할하여 하청과 비정규직 확대로 노동비용 안정을 도모하는 시도라고 할 수 있다. 이러한 새로운 고용전략은 기업중심의 조직구조와 교섭체계에 묶여 있는 정규직 조직노동자들의 저항을 최소화할 수는 있지만, 노동시장의 양극화라는 부작용을 초래하였다. 또한 기업차원의 노사관계가 비교적 안정화되어가는 데 비하여 건설일용직 노조, 화물연대, 사내하청 노동조합의 저항이 확대되는 등 갈등의 비제도화 현상이 뚜렷해지고 있다. 이런 상황에서 좋은 일자리의 창출과 노동시장 양극화문제를 해결하기 위해서는 노사파트너십에 입각한 기능적 유연화전략으로의 전환이 필요하고 전국차원의 사회적 타협체제를 정착시킬 필요가 있다.

1988년 이래 노동정책에는 두 가지의 가치와 비전이 혼재되어 왔다. 시기마다 강조점이 변했지만 권위주의적 공안정책과 자유주의적 경제정책이 짝을 이루는 신자유주의적 정책방향이 주된 흐름을 이루는 가운데서도 끊임없이 노동운동을 정치경제시스템에 통합시켜 안정적인 타협체제를 이루어내려는 사회적 타협정책이 시도되었다.

노태우 정부하의 국민경제사회협의회나 김영삼 정부의 1993~1994년의 임금합의와 노사관계개혁위원회 그리고 김대중 정부의 1998년 사회협약과 노사정위원회 제도화 등이 후자의 흐름을 반영한다. 노동통합과 사회적 타협의 시도는 주로 밖(정치권이나 학계)으로부터 투입된 정부 내 개혁그룹에 의해서 단속적으로 추진돼 왔다. 이러한 통합과 타협은 그러나 아직도 제도화되고 안정적인 질서로 정착되지 못하고 있다. 1987년 이후 새롭게 성장한 노동운동과의 진정한 화해와 타협이 아직 성사되지 않은 것이다. 결과를 놓고 평가하면 재계와 관료들의 화해와 타협에 대한 거부감이 외부로부터 단속적으로 투입된 노동개혁그룹의 정책의지를 압도했던 것이 하나의 원인이다. 또한 노동운동의 취약한 리더십과 대중투쟁 중심의 운동노선으로 노동조합이 정부가 주도하는 사회적 타협시도에 탄력적으로 대응하지 못한 것도 하나의 요인이다. 그러나 실패책임의 경중이나 우선순위를 따진다면 그것은 권위주의적 지배연합(*authoritarian governing coalition*)의 타협거부에서 찾아야 한다(최영기, 2001).

참여정부는 한국 노사관계 발전의 가장 큰 장애요인이었던 과거의 지배연합으로부터 비교적 자유로운 정치세력에 의해 구성되었다고 할 수 있다. 정치경제의 새로운 거버넌스와 정경유착으로부터 자유로운 새로운 정치연합을 형성시킬 수 있는 정치개혁이 진행되고 있다. 이들은 정경유착의 폐쇄회로에 갇힌 지배연합이 아니라 국민참여의 협치

(協治, *networked governance*)를 지향하는 세력이다. 이런 관점에서 보면 참여정부가 추구해야 할 노사관계혁신은 노동운동을 정치경제시스템에 하나의 파트너로 참여시켜 안정적인 사회적 파트너십을 형성하고, 이러한 기초 위에서 기업차원의 작업장혁신을 촉진할 수 있는 노사파트너십을 유도해가는 것이다. 그리고 이러한 파트너십의 기초 위에 작업장혁신과 기업혁신이 추진되고 그 성과로 기업경쟁력 제고와 좋은 일자리창출이 가능할 것이다.

2. 1997년 이후의 노동문제

1) 퇴적된 갈등과 불신

한국 노사관계에 대한 국내외 평가는 대체로 부정적이다. 즉 정부와 노사단체 모두 우리 노사관계에 문제가 있다는 데 이의를 제기하지 않으며 보다 선진화되어야 한다고 주장한다. 전문가나 일반국민들도 노사문제가 한국경제의 발목을 잡는다고 생각한다. 이러한 일반적 인식이 딱히 과장되었다고 보기도 어렵다. 노사관계의 빈도와 성격을 비교할 수 있는 노사분규 통계나 노동관련 행정소송 통계를 보면 한국의 불안정한 노사관계를 부인하기 힘들다.[1)]

그러나 한국 노사관계가 1987년 이후 아무런 변화없이 같은 모습으로 지속되었던 것만은 아니다. 1987년의 대폭발 이후 비교적 빠르게 노사관계가 민주화되었고, 노사관계에서의 다원주의(*pluralism*)가 수용되었으며 단체교섭제도가 정착되는 중이라고 평가할 수 있다. 1995년~1997년간의 파업성향은 OECD 평균보다 낮게 나타났고 부당노동

---

1) 분규로 인한 근로자 1천 명당 노동손실 일수가 한국이 1998~2003년 연평균 106일인 데 비해 OECD국가 평균은 47일에 불과하다. 대체로 노동조합 조직률이 높은 EU국가의 평균조차 58일이라는 사실은 한국의 높은 파업성향을 입증한다. 이 밖에도 OECD나 ILO에서 매년 문제되는 노동조합관련 구속자 수가 지난 10년간 연평균 150명 안팎에 이르고 노동위원회에 대한 부당노동행위 구제신청건수(사용자들의 노동조합에 대한 간섭과 억압으로 해석될 수 있음)가 최근 5년간 매년 1,200~1,300건에 이른다는 사실도 노사관계의 격렬성과 노사의 불신과 갈등수준을 잘 나타낸다.

행위 구제신청 건수나 구속자 수도 1987년~2004년 기간중 최저수준으로 하락하였다. 적어도 1990년대 중반경에는 민주적 노사관계 질서가 어느 정도 자리잡히고 노사갈등의 제도화가 이루어지는 단계에 도달했다고 평가된다.

하지만 1997년 경제위기를 거치면서 진행된 구조조정과 노동시장의 유연화추세는 노사관계를 다시 급속하게 악화시켰다. 이로 인하여 1990년대 중반의 노사관계 안정화추세가 제대로 정착하지 못했다. 오히려 글로벌경쟁이 격화되면서 기업들의 노사관계에 대한 불만과 노동조합에 대한 불신은 더욱 고조되었고 노동자들은 노동자들대로 점증하는 고용불안과 고용의 질적 악화에 대한 대책을 강력히 요구하고 있다. 따라서 지금 노사관계는 퇴적된 불신과 갈등을 1990년대 중반 제대로 씻어내지 못한 채 1990년대 말 이후의 구조조정과 유연화개혁을 겪으면서 노사의 불신과 갈등이 온존·확산되는 과정에 있다.

2) 유연화와 양극화의 동행

그렇다면 1997년 말 외환이후의 어떤 변화가 노사관계를 다시 악화시켰는가? 그 원인을 단순화시켜 이야기하면 경제위기 이후 노동시장의 변화에 노사관계시스템이 제대로 적응하지 못해 발생하는 부적응증이 문제의 근원이라고 할 수 있다. 노사관계시스템은 노동시장에 대한 법 또는 단체협약에 의한 보이는 손에 의한 규제시스템이다. 시장적인 거래관계, 개별 고용계약에 대한 개입을 통하여 근로자들이 개별적, 집단적으로 경제적·사회적 지위향상을 기할 수 있게 하고 산업현장에서 발생하는 갈등을 제도적으로 해결하는 길을 열어둠으로써 작업장에서 유지되어야 할 질서에 대해 노사가 합의하여 규제하는 것이 노사관계시스템의 본질적 기능이다. 따라서 노동시장의 변화, 정치사회적 환경의 변화에 따라 노사관계시스템도 탄력적으로 적응해가야 제대로 기능할 수 있다.

그런데 1990년대 중반 이후 특히 경제위기를 거치면서 전통적인 기업중심의 종단적 노동시장 구조는 급격히 약화되기 시작하였다. 정리해고 또는 명예퇴직의 형태로 인력이 빠르게 유동화되었고 연공에 기초한 임금결정과 승진관리도 약화되기 시작하였다(노용진 · 김동우, 2005).

고용계약관계도 다양화되어 파견근로 · 기간제근로 · 노무도급 · 시간제근로가 지속적으로 증가하였고 학습지교사나 보험설계사 등 근로자성에 다툼이 있는 특수형태의 근로자도 늘어났다. 그리고 기업의 직접

〈표 2-1〉 노동력상태 이동추이

(단위: 천 명, %)

	1996	1997	1998	1999	2000	2001	2002	2003	2004
월평균 노동력 상태 이동률	3.3	3.5	5.7	5.8	5.0	5.0	4.4	5.0	4.7
연간 실업경험률	4.8	6.3	17.6	14.5	10.3	9.8	7.7	9.5	9.5

주: 연간 실업경험률은 생산가능인구 대비 1년 동안 실업으로 유입된 연인원의 비중임. 동일인이 여러 번 실업을 경험하는 반복 실업현상을 고려하면, 연인원으로 계산된 실업경험률은 다소 과대측정됨.

자료: 통계청, 《경제활동인구조사》; 이병희(2004).

〈표 2-2〉 사업체 규모별 취업자 수 비교

(단위: 천 명, %)

	한국				미국
	1993	1996	2000	2003	2003
1~9	4,778 (39.0)	5,664 (40.4)	6,204 (45.6)	6,672 (45.3)	(12.0)
10~49	2,652 (21.7)	3,047 (21.8)	3,235 (23.8)	3,534 (24.0)	(23.0)
50~299*	2,248 (18.4)	2,597 (18.5)	2,529 (18.6)	2,727 (18.5)	(28.0)
300~999*	1,048 (8.6)	1,245 (8.9)	931 (6.8)	1,021 (6.9)	(18.0)
1000+	1,519 (12.4)	1,453 (10.4)	706 (5.2)	775 (5.3)	(19.0)
계	12,245 (100.0)	14,007 (100.0)	13,604 (100.0)	14,729 (100.0)	(100.0)

주: * 미국의 경우 50~249, 250~999 규모임.

자료: 통계청, 《사업체기초통계조사보고서》; *Bureau of Labor Statistics*, Occupational Employment Statistics.

고용 부담을 줄이기 위한 아웃소싱이 증가하면서 내부노동시장이 비교적 잘 발달되었다고 추정되는 대기업의 고용비중(1,000인 이상 사업장의 고용규모는 10년간 77만 4천 명이 감소)은 감소하고 50인 미만의 영세소기업 고용비중이 크게 증가하였다(안주엽 · 이인재, 2003).

이러한 노동시장의 변화가 지향하는 바는 전통적인 기업중심 노동시장이 약화되고 외부노동시장의 유연화가 확대되는 것이다. 아직 유럽국가나 영 · 미에서와 같은 직무 내지는 직종중심의 횡단형 노동시장이 제대로 자리 잡았다고 할 수 없지만 매우 유동적이고 개별적인 고용계약 관계가 관철되는 노동시장의 규모가 크게 확대되었다.

그러나 1987년 이후 형성된 노사관계시스템('87년체제')의 노사관계 구조와 운영체계에는 별다른 변화가 없었다. 기업중심의 노사관계구조는 크게 변하지 않았을 뿐 아니라 대기업(공공 · 금융 포함)에서 기업중심의 노사관계 구조는 더욱 강화되고 경직화되는 경향을 보인다. 1990년대 중반까지는 적어도 교섭력이 있는 대기업 노동조합 주도의 임금 · 근로조건 개선투쟁의 결실이 중소기업 · 비조직 근로자들에게도 흘러들어가는(*trikle-down*) 메커니즘이 작동되었다고 평가된다.[2)]

그러나 1997년 외환위기 이후 고용불안이 심화되고 기업의 적극적인 고용형태 다양화전략이 구체화되면서 대기업 조직노동자들의 분배개선 투쟁은 점차 중소기업 · 비조직 노동자들의 이해와 충돌되는 결과를 초래하게 되었다고 평가된다. 그러한 결과를 입증하는 하나의 데이터가 기업규모별 임금격차와 고용형태별(정규 · 비정규직간) 임금격차의 지속적 확대이다(조성재 외, 2004). 기업 내 단체교섭의 장에서뿐만 아니라 정부정책을 대상으로 한 투쟁에서도 조직 · 비조직 노동자, 대기업 · 중소기업 노동자들 간의 이해가 항상 같이 가는 것만은 아니었다. 1998년 사회협약에 기초한 일련의 법개정에서도 파견근로 허용과 교권 · 공무원의 단결권보장이 교환된 반면, 실업자의 단결권보장은 아

2) 1980년부터 1999년 사이의 전일제 노동자들의 총소득과 관련하여 상위 10%/하위 10%의 소득비율은 1980~1984년(4.59), 1985~1989년(4.25), 1990~1994년(3.75), 1995~1999년(3.77)으로 크게 줄어든 데서도 알 수 있다 (OECD Employment Outlook 2004: 141).

직 입법화되지 못하였다. 그리고 근로시간 단축을 위한 근기법개정에서도 대기업 조직노동자 중심의 의사결정 패턴은 지속되고 있다. 무엇보다도 1998년 이후 노사관계에서 중소기업·비조직 노동자의 지위향상을 위한 뚜렷한 정책을 관철시키지 못했다는 것은, 기업중심의 노사관계시스템이 유연화되어가는 노동시장을 규율하기 위한 새로운 규칙제정(*rule making*)에 실패했다는 것을 의미한다.

1998년 이후 노사관계는 유연한 노동시장에서 파생되는 비정규직의 문제, 원·하도급 노동자간의 문제, 그리고 근로빈곤층의 문제에 대한 해결방안을 제시하기보다, 대기업 정규직중심의 기업별 노사관계를 더욱 강화시킴으로써 대기업 정규직노동시장의 경직성은 상대적으로 더욱 심화되는 반면 비정규직·중소기업 노동시장은 더욱 유연화되고 불안정화되는 부작용을 초래하였다.

이와 같이 노사관계시스템이 변화된 노동시장의 새로운 문제를 적절히 해결하지 못함으로써 새로운 유형의 노사갈등이 터져 나오기 시작하였다. 2000년대 들어서면서 양적으로 팽창하고 상대적 지위가 악화된 비정규직들의 투쟁이 확대되기 시작하였다.[3] 이들의 투쟁양태나 요구사항들은 아이러니컬하게도 '87년체제'를 형성시켰던 노조민주화 투쟁기와 크게 다르지 않다. 이들의 투쟁방식은 기존 노조의 파업투쟁 방식과 달리 분신·농성·시위·폭력행사 등 극단적 형태를 띠었지만 이들의 요구사항은 노조인정과 교섭요구, 그리고 근기법(근로기준법)·사회보험법 준수요구 등 기초적 근로조건개선을 주장하는 수준이다. 이들의 투쟁은 기존의 노사관계시스템으로 수렴되지 않을 뿐 아니라, 흔히 기존 노동조합과 충돌·대립하면서 매우 격렬하게 비정기

---

3) 계약해지에 반발하여 노동조합을 조직하고 2년에 걸친 각종 투쟁을 벌인 한국통신 계약직노조에서부터 한진중공업(2000년)·대우캐리어(2001년)·기아자동차(2001년)·현대자동차(2003년)·포항제철(2003년)·현대중공업(2003년) 등 한국의 대표적 기업들에서 사내하청 노동자들의 독자적 노조결성과 단체교섭 요구투쟁이 2000년대에 들어서면서 줄을 이었다. 또한 보험설계인·골프장캐디·학습지교사 등 새로운 유형의 노동자들에 의한 노조결성과 교섭투쟁이 이어졌으며, 노동부의 직업상담원(2002년)이나 근로복지공단(2003년)의 기간제 근로자들의 조직화와 교섭요구도 새로운 노사갈등으로 발전하였다.

적으로 돌출되었다. 즉 기존의 정규직중심의 기업별 노사관계시스템으로는 이들의 갈등을 제도화하지 못하는 것이다. 특히 2003년의 화물연대의 파업사태나 2005년의 울산건설플랜트노조와 하이닉스·매그나칩 사내하청노조의 장기분규, 그리고 2005년 6월에 발생한 충북 레미콘기사, 덤프연대의 분규사태들을 돌이켜 볼 때는 이들 비정규직 노동자 혹은 특수형태 종사자들의 투쟁이 산업생산을 크게 위협하지는 못한다 하더라도 노사관계 전체의 안정을 뒤흔들어 놓을 수도 있는 위험을 잘 보여준다.

3) 노동운동의 위기

노동조합·노동운동의 위기는 2005년 이후 잇따르는 비리·부정사건이 주된 원인은 아니다.[4] 이것은 오히려 노동조합이 겪는 대표성의 위기, 1990년대 중반 이후 심화되는 노동운동의 사회적 정당성의 위기에서 비롯된 결과일 수 있기 때문이다. 노동조합의 대표성위기는 1,500만 노동자 중 11% 안팎의 노동자만이 조직되었다는 점에서 한국 노동조합의 대표성은 근원적 한계가 있다. 그러나 대표성의 문제를 보다 심화시키는 요인은 기업규모별 조직화수준에서 큰 편차를 보인다는 사실이다.[5]

이러한 조합원구성이 노동조합의 대표성위기를 키웠다. 더구나 대부분의 유럽국가들과는 달리 한국의 노동조합은 기업별로 조직되었고, 기업별협약을 체결하기 때문에 협약의 효력은 기업 내에 한정되어 있다. 이러한 조직구조상의 한계로 인하여 노동조합의 성과가 비조직

4) 2005년 들어 불거진 노조비리는 1~2월중에 ① 기아자동차 노조간부들의 비정규직 채용비리, ② 항운노조의 비리·부정, ③ 국민은행 노조의 조합비횡령, ④ 자동차노련 제주지부의 정부지원금유용을 시작으로, 5월에는 ⑤ 택시노련 간부의 기금운용관련 리베이트 수수, ⑥ 현대자동차 채용비리로 전·현직 노조간부 3명 구속, ⑦ 한국노총회관 건립관련 이남순 전위원장 구속 10월에는 ⑧ 민주노총 수석부위원장의 금품수수에 따른 구속 등으로 이어졌다.

5) 500인 이상 대기업의 77%는 조직사업장인 데 비해 5~9인 사업장의 경우에는 5.8%만이 조직사업장이다. 조합원 규모별 조직현황을 보더라도 노동조합이 대기업중심으로 조직되어 있음을 알 수 있다. 전체 고용인력의 5.3%만이 취업하는 1천 명 이상 사업장의 노동조합 조합원이 전체 조합원의 2/3 이상을 차지하는 것으로 추정된다.

〈표 2-3〉 조합원 규모별 조직현황

(단위: 천 명, %)

조합규모	100인 미만	100~299	300~1000	1,000인 이상	전 체
조합원수	134.8(8.7)	231.7(14.9)	228.4(14.7)	955.1(61.7)	1,550(100)

자료: 노동부, 《2003년도 전국노동조합 조직률》, 2004.

노동자들과 공유될 수 없었다. 상황을 더욱 악화시키는 것은 외환위기 이후에는 기업측의 고용유연화·노동비용분산 전략에 따라 조직·비조직 노동자간의 격차가 오히려 심화되었다는 점이다. 이로 인하여 조직노동자들은 점차 노동시장에서 독점적 지위를 획득하며 비정규직·하청근로자와 대립하는 사례가 늘게 되었다.

이러한 노동자계층의 분화와 이해대립 속에서 기업별 노동조합 중심의 노동운동은 점차 그동안 누렸던 정치사회적 정당성을 상실하기 시작했다고 하겠다. 대기업 노동조합의 지위는 확고해졌고, 노사간의 담합가능성은 높아졌다. 이러한 변화과정에서 노동조합의 비리·부정의 단초가 마련되었다. 대기업중심의 노동조합과 노동운동이 비정규·하청노동자들의 새로운 요구에 귀를 기울이지 않고 노동시장의 새로운 갈등을 적극적으로 해결하려 나서지 않은 채 자신들만의 고용안정과 임금·근로조건 향상에 치중하게 되었다. 그 결과 1987년 이후 노동조합과 노동운동의 건강성과 정당성을 지켜주었던 도덕적 각성과 연대의 가치가 약화되었고, 위기는 심화되었다고 하겠다.

이러한 노동조합·노동운동의 위기가 일반상식과는 달리 노사관계 안정이나 경제성장에 도움이 된다고 속단할 수 없다. 기존 노동조합의 쇠퇴가 노사갈등을 종식시키기보다 갈등의 제도화실패로 노사관계의 새로운 불안요인으로 부각되었다. 우리는 이미 1987년 이전의 노사관계에서 이 같은 경험을 한 바 있으며, 2000년대 들어 확산된 비정규직 관련 갈등의 심화도 이 같은 추론을 뒷받침한다. 지금같이 노동시장 양극화가 심화되는 상황에서 갈등이 해소되기 어렵다면 결국 잘 관리하고 조정할 수 있는 시스템이 필요한 것이다.

3. 노사관계 구조에 대한 재검토

1) 기업중심 노사관계 구조의 형성

우리의 노사관계는 서구의 많은 다른 나라와 달리 독특하게 기업별 노사관계시스템에 근거해 있다. 우리의 노사관계가 구조적으로 기업별 노사관계시스템으로 굳어진 것은 산업화의 역사, 일본 노사관계시스템의 이식시도 그리고 권위주의국가의 노동통제정책 그리고 기업별 노사관계의 편익을 위한 노사의 담합 등이 작용한 것으로 보인다.

기업별 노사관계에서는 임금과 노동조건의 결정이 기업내부에서 이루어지며 노동조합도 기업내부에 존재한다. 노조전임자도 기업내부화되어 있다. 노사간의 갈등도 기업내부화되어 있어 노사갈등이 일어날 경우 사업장 내 집회, 농성, 점거파업 등의 형태를 취한다. 노사관계가 철저하게 기업내부화되어 있는 것이다.

서구의 모든 나라에서는 직업별, 산업별, 지역·산업별로 임금과 근로조건의 수준이 결정되고, 노동조합은 모두 기업외부에 존재한다. 노사갈등도 외부화되어 있어 파업이 일어나더라도 사업장 밖에서 피케팅이나 집회가 이루어진다. 최근 단체교섭의 분권화에 따라 상당수 기업에서 기업별교섭을 하는 등 부분적인 기업내부화 양상을 보였으나 노조가 여전히 사업장외부에 있고 사업장 내 단체행동이 허용되지 않기 때문에 노사관계의 기업내부화는 여전히 매우 부분적이다.

일본도 기업별 노사관계시스템으로 외형상 우리와 매우 유사하다. 그러나 일본에서는 기업별 노사관계시스템이 기업 내부노동시장과 생산직, 기능직 노동자들의 화이트컬러화(*white-collarization*)에 따른 기업내 깊숙한 통합을 바탕으로 기업내부에서 노사대립 요소를 해결함은 물론 노사협력을 이끌어 내는 기제가 되었다(Koike, 1983). 기업내부의 노사협력을 바탕으로 기업내부의 지속적 개선, 적기생산, 품질관리 등의 작업장혁신을 통해 높은 기업경쟁력을 이루어낼 수 있었다. 심한 불경기 속에서도 일본이 버틸 수 있었던 것은 이와 같은 노사협력, 효율성 높은 작업장 등에 바탕을 둔 높은 수출 때문이었다.

다음으로 우리의 기업별 노사관계시스템은 우리의 산업화역사와 긴밀하게 연계되어 형성되었다. 서구에서는 산업화 이전에는 과거 장인의 수공업적 숙련전통을 바탕으로 한 지역별, 직업별 노동시장이 일찍이 형성되어 있었고 산업화시기를 전후해서는 자발적으로 성장하였던 광범위한 중소제조업을 바탕으로 한 지역별직업 혹은 산업별 노동시장이 형성되어 있었다. 이를 바탕으로 직업별노조, 산업별노조가 형성되고 여기에 대항하여 사용자단체가 구성되어 직업별교섭 혹은 산업별교섭이 형성되었다. 이에 비하여 우리나라에서는 국가가 주도하여 대기업중심의 자원배분을 통해 신기술과 설비를 도입하도록 지원함으로써 이들 대기업이 압축성장을 통해 선진국의 산업을 따라잡을 수 있도록 지원했다. 반면 다수의 자생적 중소기업들은 장인적 전통도 거의 없거나 미약했고 정부의 지원을 제대로 받지 못하였다. 중소기업들은 현대적 기술과 설비를 도입할 여력이 없어 도태되거나 사후적으로 대기업의 하청기업으로 편입되어 갔다. 이와 같이 우리의 산업화 초기부터 불균형 성장모델에 의한 대기업과 중소기업 간의 이중구조, 수공업적 숙련전통 부재로 인해 횡적인 지역별, 산업별 외부노동시장이 제대로 형성될 수 없었다(박덕제, 1992). 오히려 현대화된 대기업에서는 필요한 숙련을 가진 인력을 기업외부에서 구할 수 없었기 때문에 기업외부와는 상대적으로 차단된 기업별 내부 노동시장이 발전하였다.[6] 기업별 노사관계시스템은 바로 이와 같은 현대적 대기업과 하청기업화한 중소기업 간의 이중구조 속에 대기업을 중심으로 한 기업별 내부 노동시장을 바탕으로 형성되었다.

셋째로 권위주의정부는 산업화과정에서 우리가 벤치마킹해야 할 노사관계의 모델로 일본식 시스템을 제시했다. 1946년 미군정기나 1953년 노동법제정 때 기업별 단체교섭을 강제했다. 1963년대 형식적인 산업별노조가 강제되었으나 여전히 단체교섭은 기업별로 체결하도록 되

6) 신원철은 조선산업에 대한 연구를 통해 시기별로 노사간의 역학관계, 기술, 시장조건 등에 따라 내부노동시장이 비경쟁형, 제한경쟁형, 내부경쟁형, 경쟁형이라는 다양한 형태를 가질 수 있음을 밝혔다. 신원철(2001), "기업 내부노동시장의 형성과 전개: 한국 조선산업에 관한 사례연구", 서울대학교 대학원 사회학과 박사학위 논문.

어 있었고 1973년 개정된 노동법은 사실상 기업별노조를 환원시켰다.[7] 또한 1980년 말 전두환 정부가 노동법을 개정할 때도 그때까지 형식상 남아 있던 산업별노조를 없애고 기업별노조만을 법적으로 강제함으로써 기업별 노사관계틀을 고착화시키고자 했다. 권위주의정부가 구상한 노동법의 기본틀은 일본식 노사관계의 도입이었다. 무엇보다도 기업별 노사관계시스템 아래에서 일본식의 노사협력을 꾀하고자 하였다.

넷째로 전두환 정부는 기업단위를 넘어서 노동조합간 연대의 차단을 목적으로 제3자 개입금지 조항을 신설하였다. 기업내부에서도 사용자들은 외부세력과의 연계를 차단하면서 노조활동이 기업의 울타리를 넘어서지 않도록 노조에게 요구하였다. 이렇게 형성된 기업별 노사관계시스템은 적어도 전두환 정부까지는 이미 확고하게 제도화되었다. 그리하여 1987년 전국적인 노동운동의 고양과 노조결성의 붐 속에 새로운 다원주의적 노사관계가 형성될 때도 이미 형성된 제도적 틀은 그대로 유지되었다.

2) 기업중심 노사관계 구조의 결과

원래 권위주의정부가 기업별 노사관계시스템을 도입하여 강제적으로 적용했을 때 기대했던 것은 일본 노사관계시스템이 갖는 노사협력, 노사협력에 바탕을 둔 지속적인 작업장혁신과 고효율의 생산시스템이라는 순기능이었다. 1987년까지 권위주의정부가 물리적 방식으로 집단적 노사관계를 통제하던 시기에는 한국에서도 일본식 기업별 노사관계시스템의 순기능에 대한 기대가 있었다. 그러나 1987년 노동자대투쟁으로 노동자들이 자주적 노동조합을 통해 자신들의 요구와 이익을 자유롭게 주장할 수 있게 되자 한국의 기업별 노사관계시스템이 갖고 있는 여러 가지 경향이 드러나기 시작했다. 먼저, 노사가 서로 현장통제력을 강화하기 위해 첨예한 대결을 벌이는 과정에서 노사간의 대립이 기업내부화되었다. 권위주의 아래 사용자의 '말 잘 듣는' 하위파트너에

7) 김정한(2005), "기업별 노조의 실태와 구조적 한계", 《월간노동리뷰》 3월호, 한국노동연구원.

불과하던 노동조합이 더 이상 사용자의 눈치를 보지 않고 자주적 입장에서 사용자와 대등한 지위에서 교섭할 것을 주장하였다. 사용자가 노조측을 대등한 파트너로 인정하기를 거부할 경우 파업 등 물리력으로 대항하면서 기업 내에서 현장장악력을 키워갔다.

노사관계가 기업내부화되어 있으므로 노조는 임금은 물론 다양한 기업 내의 문제(인사, 작업통제, 인력배치, 노동시간, 기업복지, 산업안전, 투자 등)에 대해 발언하면서 교섭의제로 삼을 것을 요구하였다. 특히 대기업에서는 1980년대 말과 1990년대 초까지 이런 문제를 둘러싸고 현장대의원들과 노조전임자들이 생산부서의 관리라인과 첨예한 대립과 물리적인 대결을 마다하지 않았다. 노사는 노동법을 제대로 지키면서 게임을 벌이는 것이 아니라 물리적 대결에서 우위를 차지하기 위해 법을 무시하는 행태도 서슴지 않았다. 기업별 노사관계시스템이 가져온 이런 대결은 기업 내에 대립적 노사관계를 구조화시켰다. 그 결과 한국의 노사관계 경쟁력은 매우 낮게 평가되었다.[8)]

둘째, 이러한 대결과정에서 때로는 사용자가 현장통제력을 장악하기도 하지만 상당수 대기업 사업장에서는 노조가 현장을 장악하였다. 노조가 현장을 장악한 사업장에서는 근로조건에 영향을 미친다고 생각되는 거의 모든 문제에 대해 개입하려고 하였다.[9)] 노조는 현장장악력을 바탕으로 사용자를 위협하여 작은 문제에도 개입할 수 있었다. 기업별 노사관계시스템 아래에서 사업장 내 대립적 노사관계는 노동력의 사용에 상당한 경직성을 초래할 수밖에 없다. 대기업이나 공공부문에서 노동시장의 경직성은 노동법의 문제가 아니라 기업별 노사관계시스템 아래에서 대립적 노사관계가 가져온 결과인 것이다.

셋째, 기업별 노사관계시스템 아래에서 노조, 특히 대기업노조는

---

8) 기업경영자들의 의견조사에 기초한 평가라는 한계가 있기는 하지만 IMD 세계경쟁력 연례보고서 (IMD World Competitiveness Yearbook 2003 ; 2004 ; 2005)를 살펴보면 한국의 노사관계의 적대성 정도는 2002년 47위/49개국, 2003년 30위/30개국, 2004년 60위/60개국, 2005년 60위/60개국 등 심각한 것으로 나타났다.

9) 예를 들면, 현대자동차 등에서 노조가 얼마 전까지 그동안 여러 가지 이유로 인기가 지나 잘 팔리지 않는 모델의 생산라인에서 일부인력을 선발하여 인기가 좋아 잘 팔리는 모델의 생산라인에서 부족한 인력을 채워 넣는 것을 완강하게 반대하였다.

현장장악력을 바탕으로 기업 지불능력이 허락하는 한 임금, 노동조건, 복지 등에서 분배적 이익을 극대화하고자 했다. 대기업노조는 그런 점에서 현장장악력과 행태상으로 전투적 투쟁이라는 수단을 이용하여 철저하게 경제적 실리주의를 추구한 셈이다. 1980년대 말 부동산 값 폭등, 사교육비의 상승, 1990~2000년대 집값 상승 등은 대기업 노동자들의 실리주의에 대한 본능을 더욱 자극했다. 실제로 1980년대 말~1990년대를 거치면서 대기업의 임금수준은 매우 빠른 속도로 상승했고, 노동조건, 기업복지 등도 크게 개선되어 지불능력이 없는 중소기업들과 그 격차를 벌렸다. 그러나 이들 대기업노조들은 막강한 투쟁력을 앞세워 추구한 경제적 실리주의가 거시경제적으로 어떤 결과를 초래하는 것인가에 대해 고민하거나 책임지고자 하지 않았다. 결과적으로 기업별 노사관계시스템 아래에서 대기업노조는 전투적 단체행동을 통한 경제적 실리주의를 추구함으로써 대기업 노동자들의 경제적 이익을 배가할 수 있었다.

넷째, 기업별 노사관계시스템으로 인해 정부를 제외하고는 노사 어느 누구도 지속적인 임금(단체) 협약의 거시경제적 결과에 대해 별다르게 고려하지 않았다. 1990년대 초 정부의 한자리 수 임금정책, 총액임금제 등에도 불구하고 우위에 있었던 노조의 교섭력에 밀려 사용자들은 편법으로라도 높은 임금인상을 수용했다. 경제단체에서 말로는 고율의 임금인상 때문에 경쟁력을 상실한다고 주장했으나 실상 각 기업별로 사용자들은 임금교섭에서 높은 임금인상을 수용한 것이다. 기업별 노사관계시스템 아래에서 지나치게 파편화된 기업별 단체교섭 때문에 생산성, 물가인상, 경쟁력, 실업률, 일자리, 생계비 등을 종합적으로 고려한 노사의 상급단체에 의한 임금(단체) 교섭의 조율은 거의 이루어지지 않고 기업별 임금(단체) 교섭의 산술적 합계로서 거시경제적 영향이 나타나는 것이다. 1990년대 초 정부가 고율임금인상을 억제하기 위해 임금가이드라인 제시 등으로 임금교섭에 개입했으나 내부적 반발만 초래했을 뿐 사실상 실패로 끝나고 말았다. 이와 같이 노사단체에 의한 내부조율이 없는 널뛰기식 임금(단체) 교섭으로 인해 교섭력이 큰 대기업과 대규모 공공부문에서는 고율의 임금인상, 근로조건의 개선, 매우 좋은 기업복지 등이 보장되었다. 반면에 노조교섭력이 취약한 대다수 중소기업이나 무노조기업에서는 낮은 임금인상, 열악한 근로조건, 취약한 기업복지에서 벗어날 수 없었다. 더구나 기업별 노사관계시스템으로 인해 단체협약이 기업별로 체결되기 때문에 다른 나라들과 같이 노조가 없는 기업에도 단체협약을 확장시킬 수도 없었다.[10] 기업별 노사관계시스템은 강한 노조가 있는 대기업과 중소기업 사이의 이중구조를 심화시킨 요인이 되었다.

다섯째, 기업별 노사관계시스템으로 인해 중소기업과 비정규직 등 노조의 도움이 필요하고 노조가 있어야 할 곳에 노조를 결성하기가 매우 어렵게 되어 있다. 중소기업에서는 기업별노조를 만들 경우 노조가 자생력을 갖기 어렵다. 노조조합비가 얼마 되지 않아 노조활동을 하기 어렵고 개인을 희생하다시피 하며 노조를 이끌 수 있는 노조간부들을 발굴하기도 쉽지 않다. 비정규직의 경우 잦은 이직과 실업의 반복으로 어느 특정사업장에 소속되기 어렵기 때문에 기업별노조로 조직하는 것은 한계가 있다. 더구나 조합비를 거의 기업별노조에서 사용하기 때문에 중소기업의 노조결성, 비정규직의 노조결성을 지원해야 할 산업별 노조연맹이나 양 노총은 조직사업에 들어가는 비용, 노조결성 초기에 들어가는 비용을 감당할 수가 없다. 결국 기업별 노사관계시스템의 기업별노조는 대기업, 대규모 공공부문에만 노조결성을 용이하게 하고 중소기업이나 비정규직의 노동자들에게 노조결성을 어렵게 하는 결과를 초래했다.

여섯째, 기업별 노사관계시스템으로 노사관계를 책임지고 풀어갈

---

10) OECD의 2004년 고용전망(*Employment Outlook*)에 따르면, 우리나라는 2000년 현재 노조조직률이 11%로 OECD 30개 나라 가운데 프랑스를 제외하고 가장 낮은 29위에 불과하다. 단체협약 적용률(*collective bargaining coverage*)도 10%를 약간 초과하는 수준으로 집계가 가능한 25개국 중 최하위에 머물고 있는데, 이것은 기업별 노사관계시스템으로 단체교섭이 기업별로 이루어지고, 따라서 노조가 없는 사업장에 단체협약이 확장될 수 없는 구조이기 때문이다. 다른 나라들은 산업별 단체협약의 확장조항이 있어 무노조기업에도 산업별 단체협약이 적용되는 경우가 많다. 따라서 2000년 프랑스의 노조조직률은 10%에 불과하나 단체협약 적용률은 90% 이상이며, 같은 해 독일의 노조조직률은 25%이나 단체협약 적용률은 68%에 이른다. 네덜란드에서도 조직률은 23%, 적용률은 80% 이상이다(OECD Employment Outlook, 2004).

사용자조직이 제대로 발달되지 못했다. 전경련과 같이 대정부 로비를 담당하는 조직에는 주요 재벌그룹들이 책임 있게 참여했으나, 1987년 이후 노사관계가 전면화된 이후에도 노사관계는 경영자총연합에 맡겨 놓고 재벌소유주들은 뒤로 물러나 있었다. 노사관계에 접근하는 시각도 자기 회사나 그룹에만 문제가 없으면 그만이라는 생각으로 노조가 없는 삼성그룹이나 노조가 약하거나 협력적인 LG그룹이 우리 노사관계 문제를 자신들과 관계가 없는 것으로 판단하여 개별 회사나 그룹의 노사관계에만 관심을 집중했을 뿐이다. 노사관계 전반, 전국적 수준의 노사관계에 대해 책임 있게 사용자단체를 강화함으로서 접근하려는 재벌들은 없었다. 이것은 기업별 노사관계시스템이 가져온 사용자측의 개별적 대응, 기회주의적 대응을 낳았다. 전국적 수준의 문제에 대해 사용자들은 집단적으로 해결하기보다는 정부가 대신 해주기를 기대했다. 사용자들은 여전히 기업별 노사관계시스템을 선호하며 산업별 노조나 산업별교섭에 대해 강한 거부감을 갖는 것으로 보인다.

3) 중층적 노사관계 구조

1997년 이후 노동조합법 개정[11]으로 기업별 노동조합을 업종 혹은 산업별 노동조합으로 전환하기 쉽게 되었고, 1998년 이후 본격화된 고용유연화로 새로운 유형의 노동문제와 갈등에 대처하기 위해 노사관계시스템의 변화시도가 시작된 것이다. 노사단체나 정부가 노사관계 구조개편이라는 뚜렷한 목표를 갖고 추진한 것은 아니었으나 자연발생적으로(*spontaneous*) 그리고 상황대처 차원에서(*reactive*) 두 가지의 주목할 만한 변화들이 있었다. 첫째는 노동조합의 산별화시도이고 둘째는 노사정위원회를 중심으로 한 사회적 대화 및 사회적 협의시스템의 제도화시도이다. 이 두 가지 시도의 공통점은 기업별 노사관계의 한계를 보완 내지 극복할 수 있는 유력한 방안이 될 수 있다는 점이다.

---

11) 1997년 3월의 노동조합 및 노동관계조정법의 개정으로 기업별 노동조합조직을 산별 노동조합으로 전환하기 위한 조건이 변경되었다. 새 법에 따르면 과거와 달리 기업별 노동조합의 해산절차 없이 총회 2/3 찬성의 노조규약개정 만으로도 조직전환 결의를 할 수 있게 되었다.

기업중심의 노동시장구조가 약화되고 노동시장이 유연화되는 추세에 대응하기 위해 노동조합이 스스로 선택할 수 있는 방안은 노동조합의 조직체계를 지역·업종·직종별조직으로 재편하는 것이다. 지역·업종·직종별노조가 될 때 조직범위를 비정규직·하청노동자들에까지 확대하고 노동자들간의 연대를 강화할 수 있기 때문이다. 한국에서 노동조합의 산별화는 노동운동 지도자들의 오랜 목표였으나 이것이 구체화되기 시작한 것은 1997년 이후부터이고 어느 정도의 성과가 있기 시작한 것은 2000년대 들어서이다.

금속과 화학, 금융과 보건의료부문의 산별조직화는 이 즈음의 주된 성과이다. 그러나 노동운동 지도자들의 의욕과는 달리 금속과 화학의 주요 조직사업장인 자동차·조선·철강·섬유화학 대기업의 노동조합들은 여러 차례의 산별전환 규약개정을 거부하였다. 금속산업과 함께 노동운동의 양대 축이라 할 수 있는 공공부문의 산별화는 아직 이렇다 할 구체적 성과를 내지 못하는 실정이다. 별도의 정책적 노력이나 상황의 변화가 없다면 산별노조로의 전환이 더 크게 확산되는 것을 기대하기 어려울 것이다.

산별노조로 전환한 노동조합에서조차 여기에 상응하는 사용자단체 구성이 제대로 되지 않아 산별교섭의 제도화에 많은 어려움을 겪을 뿐 아니라 기업지부의 교섭권·파업권도 아무런 제약 없이 행사될 수 있어 무늬만 산별노조라는 비판에 직면해 있는 실정이다(김태현, 2004). 기업의 입장에서 보면 산별교섭에 나선다 하더라도 기업별 노조지부와 또 다시 교섭하고 이 과정에서 파업이 발생할 수도 있기 때문에 중복교섭의 부담만 지게 된다. 또한 보건의료노조의 서울대병원지부의 산별노조 탈퇴와 다른 상급단체로의 이적결정에서 보듯이 산별협약에 불복하는 대기업노조에 아무런 제재도 가할 수 없는 상황이 벌어지고 있다. 따라서 지금까지의 산별구조는 매우 취약한 기반 위에 있다. 기존의 기업별 노사관계시스템에서 기업별노조의 산업별노조로의 전환, 그리고 기업별 단체교섭의 산업별교섭으로의 변화는 매우 중요한 제도적 전환(*institutional change*)이자 산업별노조, 산업별교섭이라는 새로운 제도의 형성(*new institutions building*)이라고 할 수 있다. 과거의 제도가 관성(*institutional inertia*)을 갖는 경향이 있고 새로운 제도의 형성은 주변환경의 근본적 변화, 주체들의 지속적이고 합치된 노력이 아니면 쉽게 이루어질 수 없기 때문에 산업별노조의 정착, 산별교섭으로의 전환은 향후로도 많은 난관이 예상된다.

또 하나의 변화시도가 사회적 협의시스템의 제도화이다. 1998년 사회협약으로 노사정위원회라는 사회적 협의기구가 제도화되었지만 노사갈등을 사회적 차원(초기업 수준)에서 조율하고 조정하려는 시도는 1990년대 이후 꾸준히 있었다(최영기 외, 2000). 이는 기업중심의 노사관계구조의 한계를 극복하고 보완하기 위한 노사관계 차원의 유력한 제도적 진전이었다. 기업수준의 노사가 다룰 수 없는 정책적 쟁점들이나 단체교섭의 틀에서 논의되기 어려운 이슈들을 초기업수준(지역·업종·전국 차원)에서 노사정이 협의하고 합의를 추구한다는 것은 노동시장의 양극화완화와 전체 노사관계의 안정을 위해 매우 중요하다.

그러나 전국차원의 노사정위원회나 지역단위 노사정협의회가 갖추고 있는 제도적 안정성에 비하여 그 운영실적에 대한 평가는 그리 높지 않다(임상훈 외, 2003). 업종차원의 노사정협의회는 구성조차 되지 않았다. 사회적 협의제도의 잠재력이 충분히 활용되지 못하는 원인에 대한 많은 논의들이 있다. 가장 많이 지적되는 원인이 구조적 한계 즉 기업별 노동조합체계와 노동자정당의 부재 등이다. 그러나 노사정의 사회적 협의시스템 운영능력 부족도 이에 못지않게 중요한 요인이 된다. 사회적 대화에 대한 노사정의 의지와 상호간의 신뢰 그리고 협의시스템 정착에 유리한 의제의 선택 등은 모두 운영능력에 해당되는 문제이다.

따지고 보면 1990년 이래 다양한 형태의 사회적 대화가 시도되었지만 노사정의 관련당사자들이 모두 참여하여 협의하고 합의도출을 위해 노력했던 기간은 그리 길지 않다. 민주노총은 노동법 전면개정을 목표로 출발했던 노사관계개혁위원회 활동기간(1996. 4~1998. 2) 중 초기 7개월과 1998년 2월의 사회협약 체결을 위한 협상과정, 그리고 노사정위원회가 공식출범(1998. 6~) 후 초기 6개월 정도만 제대로 참여했다. 민주노총의 노사정위원회 불참과 탈퇴로 지역·업종차원의 모든 협의회도 파행 운영되었다. 2004년 출범한 민주노총 신임집행부는 사회적 대화를 주요한 하나의 활동방침으로 천명하고 2005년 3월 직권으로 사회적 대화에 나선다고 결정했지만 결과적으로 중도 사퇴하고 뜻을 이루지 못하였다. 그러나 설사 민주노총이 2005년중 노사정위원회 복귀를 결정했다 하더라도 사회적 대화가 실효성 있는 노사관계 기구로 기능하게 되었을 것인가에 대해서는 누구도 확신하기 어렵다. 비정규직 관련 2개 법의 국회처리 향방이나 노사정위원회에서 논의중인 특수형태 근로자 보호방안 또는 노사관계법·제도선진화방안의 추진방식에 따라 노정간의 갈등관계가 심화되어 노사정위원회가 또다시 파행의 길로 들어설 위험이 상존하기 때문이다.

4) 향후 전망

이와 같이 기존 노사관계시스템의 변화, 즉 노동조합의 산별화시도나 초기업수준의 사회적 대화체제가 '87년체제'의 해체와 새로운 시스템의 구축으로까지 나아가지 못한 이유는 무엇인가? 아마도 현재의 기업별 노사관계시스템을 주도하는 대규모 사업장 노사의 이해가 이러한 변화에 반대하기 때문일 것이다. 기업단위 노동조합의 입장에서 보면, 비정규직이나 하청노동자와 같이 기업 밖의 노동문제에 눈을 돌린다는 것은 자신의 이해와 상충된다. 자신들의 고용안정과 임금·근로조건의 개선에 가장 유리한 노사관계구조가 기업별 노사관계체제인 것이다. 예컨대 기업별 노동조합이 자신들의 이해와 크게 충돌하지 않는 비정규직 문제의 해법은 비정규직의 정규직화뿐이다.

기업의 입장에서 보더라도, 기존조합원들의 이익을 침해하지 않는 범위 내에서 고용의 유연화와 노동비용 절감을 추구할 수 있는 방안들(사내하도급, 아웃소싱, 기간제근로·파견근로 등)을 기업별노조의 양해 아래 비교적 자유롭게 선택할 수 있다. 해외로의 공장이전으로 기존의 고용규모가 감소하지 않는 범위 내에서 대규모사업장 노사간의 담합은 쉽게 성사될 수 있다. 그리고 기업은 인적자원 관리(HRM)전략에 따라 그야말로 노동조합 같은 서비스를 직원들에게 제공함으로써 조합원들의 전투적인 노동조합에 대한 충성심을 기업에 대한 헌신(*commitment*)으로 돌려놓을 수도 있다. 이러한 사례는 LG전자·유한킴벌리 그리고 삼성과 같은 기업집단에서 찾아볼 수 있다. 이러한 전략은 1980년대 미국 초우량기업의 노사관계 혁신사례에서 흔히 찾아볼 수 있다(김훈 외, 2000). 이러한 HRM 전략에는 미치지 못하지만 현대중공업·두산중공업·태광산업·LG칼텍스 등 과거 전투적 노동운동을 주도하던 중화학의 핵심사업장에서 기업주도의 협력적 노사관계 전환 프로그램이 적극적으로 추진되는 사례도 적지 않다.

국제경쟁에 노출되어 있고 글로벌소싱(*global sourcing*)에 나서는 제조업부문 민간기업에서는 아마도 이러한 HRM전략을 통한 기업차원의 노사관계 혁신이 앞으로도 더 큰 성과를 거둘 것으로 예상된다.[12] 이러한 대규모사업장의 노사는 산별로의 조직체계 전환이나 초기업 수준의 사회적 협의시스템 강화 등이 자신들의 이익증진에 도움이 되지 않을 것이라고 판단할 것이다.

그렇지만 민간대기업 노사관계의 안정이 전체 노사관계의 안정과 선진화를 보장하지는 않는다. 이러한 방식의 노사관계 안정화는 지금 가장 문제가 되는 노동시장 이중구조화의 문제, 비정규직이나 근로빈곤층의 문제, 원·하청노동자 간의 격차확대 문제를 해결할 수 없다. 2000년 이래의 노사갈등 양태에서 보듯이 오히려 한 부문의 안정이 다른 부문의 갈등을 심화시킬 수 있다. 따라서 기업차원의 노사관계 안정화모델이 전체 한국 노사관계의 선진화모델이 된다는 보장이 없다. 노사정의 전략적 판단과 미래지향적(*proactive*) 개입 없이 지금의 노동시장 변화추세와 노사관계 구조를 그대로 방임할 경우 노동자들의 계층분화는 더욱 심화되고 제도권 내에 흡수되지 않는 새로운 형태의 노사갈등이 증가할 것으로 예상된다.

---

12) 이러한 작업장혁신 노력은 2000년대 들어오면서 정부차원의 지원사업으로도 촉진되었다. 노동부가 노동교육원을 통하여 지원하는 노사협력 지원사업도 작업장혁신에 미치지는 못하지만 크게 보아 이 범주에 속한다고 할 수 있지만, 2004년 이후 한국노동연구원 부설 뉴패러다임센터에서 수행하는 연구·지원이야말로 명실상부하게 이와 같은 고성과 기업의 작업장혁신을 위한 것이라고 할 수 있다.

최근 점증하는 대기업 정규직 노동조합의 이기주의에 대한 많은 비판도 사실은 한국 노사관계구조가 안고 있는 근본적인 한계, 즉 기업중심의 노사관계시스템에 대한 비판으로 확대되어야 한다. 이들에 대한 보호수준은 상대적으로 과도하다. 노동3권이 온전히 보장되어 있고 4대 사회보험이 거의 예외 없이 적용되며 근로기준법의 보호도 비교적 철저하게 보장된다. 노동조합과 법 그리고 사회안전망에 의한 보호는 좋은 일자리(*decent jobs*)의 기초조건이라고도 할 수 있지만 많은 비조직 노동자들에 대한 비보호와 비권리 그리고 이로 인한 임금·근로조건과 보건·안전 그리고 사회적 보호 면에서 상대적 빈곤을 감안하면 이들은 분명 과보호상태에 있다. 그러나 노동조합의 조직구조상 현행시스템하에서 지금과 같이 행동하는 것은 너무나 합리적 선택의 결과이기 때문에 이를 도덕적으로 지탄한다 하여 개선될 수 있는 것이 아니다. 문제는 노사관계구조에 있는 것이다.

4. 미래의 노사관계

1) 사회적 파트너십

현재의 노동문제의 원인으로 인식되는 ① 노사간의 퇴적된 갈등과 불신 및 기업 내 노동력사용의 경직성, ② 노동시장의 이중구조화, ③ 노동조합·노동운동의 위기를 해결하기 위한 유력한 방안은 기업중심의 노사관계시스템을 개편·보완하는 것이다.

1987년 이후 노사관계시스템의 진화과정을 분석하면 극단적인 기업중심 노사관계구조가 점진적이기는 하지만 다층화·중층화되어 가는 추세를 발견할 수 있다. 아직 기업중심의 노사관계구조가 전체 노사관계의 성격을 결정짓는 지배적 형태이기는 하다. 하지만 사회적 협의제도가 이제는 돌이킬 수 없는 수준으로 발전하였고, 산별노조와 산별교섭 형태로의 발전도 꾸준히 진행되었기 때문에 기업중심 노사관계구조가 산별조직과 사회적 협의제도에 의해 크게 보완되는 방향으로 진화되

〈그림 2-1〉 노사관계의 중층화 경향

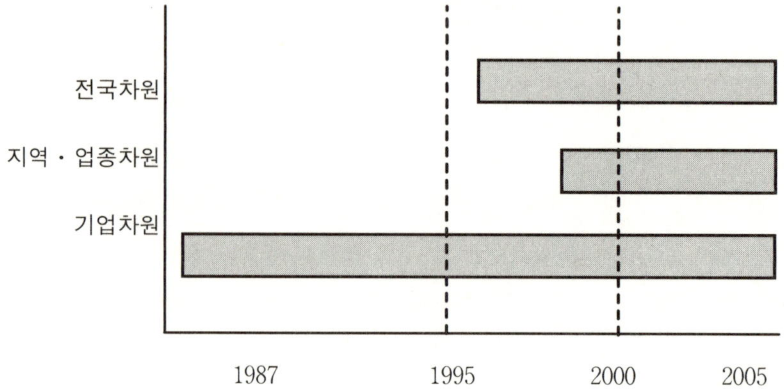

었다고 하겠다. 따라서 지금 필요한 것은 이러한 변화추세를 현재의 노사문제해결의 방안이자 노사관계 선진화의 길이라는 인식을 갖고 보다 체계적으로 가속화시키는 정책을 구사하는 것이다(노사정위원회, 2003).

이를 위해 우선 1998년 이후 제도화된 사회적 협의시스템을 보다 적극적으로 활성화시켜 기업단위 단체교섭에서 다룰 수 없는 질적, 전국적인 노동문제에 대하여 협의하고 사회적 공론을 통하여 그 해결방안에 대한 합의를 형성해야 한다. 민주노총까지 포괄하는 전국수준의 사회적 대화가 정착되어야 지역 · 업종차원의 사회적 협의시스템도 정상화될 수 있다. 따라서 사회적 협의시스템의 성패는 모든 노사 당사자들이 참여하는 국가차원의 사회적 대화가 정상화되느냐에 달려 있다.

이런 맥락에서 보면 노동법개정(비정규 관련 2개 법, 특수형태 고용관련 입법, 로드맵에 담긴 34개 항의 법개정사항 등)이 중요한 것이 아니라 노사정간의 불신을 털고 협력을 강화할 수 있는 의제(*agenda*)를 중심으로 사회적 대화를 복원하는 것이 더 급선무이다. 특히 노동법개정문제는 노사간의 제로섬게임(*zero-sum game*)이 되기 때문에 그 성격상 노사대립을 유발하고 갈등을 조장하기 쉽고 사회적 대화를 어렵게 하는 것이다. 그리고 노동법개정 사항에 대하여 정부가 노사단체와 협의하는 것은 불가피하다 하더라도 구체적 사항에 이르기까지 합의하려 하는 것은 사회적 대화자체를 붕괴시킬 수 있다.

따라서 사회적 대화의제를 잘 선택하는 것은 대화의 성공을 위해 매우 중요하다. 그리고 사회적 대화는 반드시 합의와 협약체결을 목표로 할 필요는 없다. 지금 당면한 노동시장과 노사관계 문제에 대하여 인식을 공유하고 보다 안정된 일자리, 보다 좋은 일자리를 만들고 노사관계를 안정시킬 수 있는 방안마련을 위해 공조하자는 의지의 확인만으로도 대화는 정상화될 수 있다. 이를 바탕으로 노사정위원회를 재편하고 구체적 정책방안들에 대하여 협의해 나가면 될 것이다.

2) 노동시장의 양극화완화를 위한 사회적 타협

예컨대 당장 문제가 되는 비정규직과 최저임금근로자 등 근로빈곤층에 대한 보호강화와 더불어 이들의 전반적인 고용사정 개선문제는 사회적 대화를 시작하기에 적합한 의제에 해당된다. 노동시장의 이중구조화로 비정규직이나 근로빈곤계층의 문제는 관련법의 개정이나 최저임금인상만을 통해서 해결할 수 없다. 정부의 정책적 노력과 함께 노사의 결단과 공조가 있어야 완화될 수 있는 성격의 문제들이다. 정부는 비정규직 문제해결방안의 하나로 기간제근로자와 파견근로자에 대한 차별시정 조치의 법제화를 추진하고, 2005년 노동계는 최저임금수준의 대폭적 인상(시급 2,840원의 37% 인상)을 요구한 바 있다. 그러나 정부나 노동계 모두 법개정이나 최저임금인상만으로 이들의 문제가 해결될 수 있다고 보지 않는다.

대부분의 비정규직이나 최저임금근로자들이 중소영세(하청)업체 종사자들이라는 사실은 이들의 문제가 우리나라의 독특한 원·하청기업간 거래관계와 밀접하게 관련되어 있음을 의미한다(조성재 외, 2004). 원·하청간의 하도급단가 책정이 불공정하게 이루어지는 거래관행을 그대로 방치한 채 정규·비정규간의 임금격차를 차별시정조치만으로 완화하려 하거나 최저임금수준의 대폭적 인상으로 해결하려는 것은 분명한 한계가 있다.

정규·비정규직간의 과도한 임금격차 문제도 노사의 자율적 노력으로 크게 개선될 수 있는 성격의 문제이다. 모든 교섭력을 임금극대화에 집중하는 대기업 정규직노조의 임금정책이 지속되는 한 이 문제가 해결되기 어려운 것도 자명하다(노용진·김동우, 2005). 이렇게 보았을 때 이러한 문제들이야말로 양 노총이 주장하듯이 사회적 대화 또는 교섭을 통해서 마련될 수 있고 또 그렇게 되어야만 할 성격의 문제이다.

정부와 국회 그리고 노사가 비정규직관련 법의 처리여부와 수정범위만을 놓고 대립이 심화되는 것은 노사관계 선진화에도 도움이 되지 않을 뿐 아니라, 근본적인 비정규직문제 해결에도 큰 도움이 되지 않을 것이다. 마찬가지로 최저임금근로자들에 대한 별도의 사회정책적 보완조치(예컨대 사회보험료의 경감 등) 없이 최저임금수준만을 놓고 노사가 대립하는 것도 문제의 궁극적 해법이 아닐 수 있다. 문제는 이러한 현안이슈에 대한 사회적 타협을 어떻게 시도할 것인가 하는 점이다.

문제해결을 위한 사회적 타협의 성패는 사회적 대화의 과정을 어떻게 관리하느냐에 달려 있다. 타협을 위한 사회적 대화는 비정규직이나 근로빈곤문제의 실상과 그 해결을 위한 노·사·정의 역할에 대한 보다 솔직한 공론화과정이어야 한다. 비정규직문제는 노·사·정 어느 한쪽의 결단과 책임만으로 풀릴 수 없기 때문에 이러한 폭넓은 공론화를 통하여 결단하지 않을 수 없도록 해야 한다.

지금 노동조합은 대기업의 무분별한 아웃소싱과 하청단가 인하가 책임이라고 말하고, 재계는 대기업 정규직 노동시장의 경직성과 과도한 임금인상을 노동시장 이중구조화와 비정규직 문제의 원인으로 진단한다. 그러나 누구나 동의하듯이 둘 다가 원인이며 동시에 해법이 제시되어야 한다. 그리고 있는 법과 사회안전망이 제대로 작동될 수 있도록 근로기준행정과 복지행정서비스가 강화되어야 한다. 사회적 대화는 노동시장 이중구조화와 관련된 이러한 문제점과 해법들에 대하여 국민적 합의를 형성하는 과정이어야 한다. 그리고 이러한 국민적 동의가 있을 때 양 노총의 지도부들도 정규직의 임금안정화 방침을 받아들일 수 있으며, 재계리더들도 원·하청관계 개선을 약속할 수 있을 것이다. 정부도 이러한 사회적 합의를 바탕으로 노동복지 분야의 공공서비스를 확대해야 할 것이다.

이러한 방식으로 노동시장 양극화완화를 위한 사회적 합의와 결단이 있을 때 노동조합도 대중투쟁을 통해서만이 자신들의 요구가 관철될 수 있다는 노동운동의 오랜 관행적 경험에서 벗어날 수 있을 것이다. 사회적 대화를 진행하는 과정에서 양 노총은 자신들의 취약한 리더십을 강화하는 방안으로 제한적인 대중투쟁수단을 동원할 수도 있다고 생각한다. 그러나 이들이 대화와 타협의 끈을 놓지 않는 한 정부와 재계는 사회적 타협을 끈질지게 추구해야 할 것이다. 비정규직이나 최저임금근로자의 문제는 지금 우리 경제가 겪는 양극화의 문제나 고용문제 그리고 노사관계의 구조적 결함들이 모두 응축되어 표출되는 시대적 과제이다. 경제주체들이 이 문제의 해결을 위해 함께 노력한다는 것만으로도 많은 노동자들이 위로받을 수 있을 것이다. 그리고 대기업 정규직노조들의 조직이기주의에 대한 반성의 계기가 마련될 것이며, 기업들도 비정규직의 남용에 대한 각성의 계기가 될 것이다.

더 나아가 1997년 외화위기 이후 점차 확산되는 고용조정 중심의 경영혁신 풍토에 대한 사회적 각성도 필요하다. 수천억 원의 흑자를 기록한 은행에서 수천 명의 명예퇴직을 계획하고 동시에 CEO에 대한 거액의 스톡옵션이 미화되는 경영풍토에서 노동자들도 아무 거리낌없이 단기적인 임금극대화에 나서고 있다. 무엇인가 사회 전체적으로 인적자원을 귀중하게 여기고 근로자들이 자신의 직장에 혼을 바치도록 하는 경영문화 쇄신의 전기가 필요하다.

1990년대 말 도요다 회장이자 일본 경제단체의 대표였던 오쿠다 히로시 회장은 당시 일본경제의 장기불황 극복을 위해서는 영미식 경영방식을 받아들여 대규모 고용조정이 있어야 한다는 재계일반의 여론에 맞서 "일본경제가 장기침체에서 벗어나지 못하는 책임은 경영자에게 있지 종업원에게 있지 않다…… 정말로 부득이 해서 고용에 손을 대야 한다면 경영자 자신도 책임을 져야 한다"고 했다. 그리고 일본식 장기고용은 기술축적과 충성심의 확보라는 장점이 있고, 안정된 노사관계의 유지는 고임금하에서도 일본기업이 국제경쟁에서 살아 남을 수 있는 유력한 방안이라고 갈파했다(오쿠다 히로시, 1999). 노동시장 양극화문제의 해결을 위한 사회적 타협추진은 지금의 고용문제 해결과 노사관계 선진화 그리고 인간중시의 경영철학과 가치에 대한 사회적 각성의 계기가 될 것이다.

3) 노동조합 조직체계의 개편

1998년 경제위기 이후 새로운 쟁점으로 부각되는 노동문제는 노동시장의 유연화와 양극화 그리고 이에 대한 노동조합의 대응으로서 시도되는 산별노조로의 조직체계 전환이다. 이 세 가지 문제는 상호연관되어 있기 때문에 해결방안도 하나의 덩어리로 마련되어야 한다.

노동시장의 유연성추세는 정부 정책기조와 관계없이 시장의 힘에 의하여 지속적으로 확산될 것으로 전망된다. 이러한 흐름을 더 가속화하기 위하여 고용보호법제의 추가적 유연화를 주장하는 재계 및 외시장 이중구조화의 문제도 노동시장의 경직성 때문에 발생하는 것으로 보고 그 해법으로 보다 철저한 유연화개혁이 필요하다는 주장이다. 그리고 노동계가 추구하는 산별노조나 산별교섭도 노동시장의 경직성을 가중시키는 주된 제도적 장치로 인식된다. 1980년대 이후 OECD국가에서 유연화 개혁과정에서 교섭의 분권화가 진행되었다는 점을 감안한다면 보다 유연화시켜야 할 노동시장에 산별노조와 산별협약에 의한 시장개입 확대를 주장하는 것은 시대역행적이라는 것이다.

실제로 고용보호법제로 본 우리나라 노동시장의 경직성은 재계나 일부학자들이 주장하는 것처럼 그렇게 경직적인 것은 아닌 것으로 나타나 있다. 〈표 2-4〉에서 보는 바와 같이 OECD회원국 가운데 중간수준으로 나타나 있다. 이인재(2005)에 따르면 노동시장 규제의 국제비교에 의하더라도 85개 대상국 가운데 우리나라가 38번째로 노동시장 규제가 약하여 노동시장이 비교적 유연한 나라로 평가되었다.

재계에서 주장하는 바와 같은 철저한 고용계약의 유연화로 노동시장의 이중구조화를 개선하고 노동조합의 산별조직화를 억제할 수 있을 것으로 보이지 않는다. 한국 노동시장의 경직성은 크게 보아 고용의 경직성과 임금의 경직성으로 구분된다. 그리고 임금의 경직성은 또 다시 조직노동자들의 교섭력에 의한 요인과 근속 등에 따른 임금체계나

〈표 2-4〉 OECD의 고용보호법제의 유연성

	1990년대 후반	2003년
정규고용 보호지수	18위	16위
비정규 고용보호 지수	17위	17위
집단해고 지수	4위	3위
종합지수 1	12위	16위
종합지수 2	13위	12위

주: 1) OECD 2003년 순위는 28개국을 대상으로 한 것임.
2) 종합지수 1은 정규고용 보호지수와 임시고용 보호지수의 단순평균이고, 종합지수 2는 정규 고용보호지수와 임시고용 보호지수 및 집단해고 지수를 가중 평균한 것임.

자료: OECD Employment Outlook 1999 ; 2004.

승진체계에 의한 요인으로 구분될 수 있다(노용진 · 김동우, 2005). 한편 고용경직성은 법에 의한 해고의 제한으로 초래되는 요인과 노동조합의 교섭력에 의한 요인으로 구분될 것이다. 이렇게 보면 재계나 정부가 추구하는 법상의 해고규제 완화는 매우 제한적인 유연화수단임을 알 수 있다. 더구나 조직노동자들은 법상의 고용규제를 통해서라기보다 단체협약이나 현장장악력에 기초한 교섭력을 통해 보호받는다. 정리해고보다는 명예퇴직이 고용조정수단으로 활용되는 것이 이를 입증한다. 단체협약에 의한 고용보호는 노동시장이 가장 유연하다는 미국에서조차 일반화되어 있다.

따라서 노동시장 이중구조화 문제를 근로기준법의 고용관련 규제를 완화하여 해결하려는 것은 기업 스스로 할 수 있는 여러 가지 유연화 조치들을 방기한 채 정부에게만 그 해결을 요구하는 격이다. 1998년 이래 2차 노동시장의 규모가 꾸준히 증가한 이유는 노조의 조직확대나 교섭력증가로 설명될 수 없다. 오히려 1998년 이래 공공부문과 금융기관에서 진행되었던 쿼터방식의 고용조정 정책과 민간 대기업에서 활용하는 아웃소싱, 분사, 소사장제 등의 확대에 기인한 것으로 보아야 한다.

그리고 대다수 비정규직이나 중소 영세기업의 노동자들은 경영자의 자의적 해고나 불공정한 임금차별, 법적 보호의 사각지대에 노출되어 있다고 보아도 과언이 아니다. 유럽이나 미국의 노동시장은 직종별 노동시장으로 직종이나 직무에 따라 임금이 결정될 뿐 아니라 차별금지법(미국의 Civil Rights Act)이나 단체협약의 확장적용(유럽 대부분의 국가)으로 임금이나 근로기준 또는 사회보험상의 차별이 쉽지 않게 되어 있다.

한국 노동시장에서 문제가 되는 경직성은 고용보다 임금결정과 관련된 것이라는 주장이 오히려 더 타당성을 갖는다(박동운, 2003 ; 남재량, 2004). 대기업 정규직은 대부분 연공급체계와 연공에 따른 승진 등 내부노동시장의 인사제도에 의해 보호받는다. 여기에 더하여 시장지배력을 갖는 대기업이나 공기업의 조직노동자들은 자신들의 임금인상(적어도 단기적으로는)이 고용에 영향을 주지 않을 것으로 보고 생산성향상의 범위를 넘어서는 임금인상을 관철해 나갈 수 있다. 즉 생산성향상으로 흡수할 수 없는 비용상승분을 비정규직이나 중소협력업체 또는 소비자에게 전가할 수 있기 때문이다. 지난 5년간 조직·비조직 부문간의 임금격차나 기업규모별 임금격차가 확대되는 것은 이러한 해석의 근거가 된다(황수경, 2004).

실용적 입장에서 보면 이러한 내부노동시장의 임금체계나 조직노동자들에 의한 경직성강화는 현 기업별 노동조합을 초기업수준으로 확대하여 비정규직과 중소협력업체로까지 확대하여 자신들의 결정(특히 임금결정)에 대한 책임을 내부화시키도록 함으로써 견제될 수 있다.[13] 대기업 노동조합들이 산별조직화나 사내 비정규직에 대한 조합원 가입자격을 제한하는 것은 바로 이러한 자기책임의 부담을 지지 않고 가능한 한 외부화시키고자 하는 노력의 소산이다. 유럽의 강소국들이나 이탈리아에서 1980년대 이래의 유연화압력을 수용하는 방식은 주로 사회협약에 의한 임금안정(*wage moderation*)이었다. 임금안정과 사회보장

---

13) 김유선(2005)은 유럽에서와 같이 산별협약의 적용확대를 법으로 강제하여 임금 등 근로조건의 산업내 표준화가 이루어져야 양극화가 해소될 수 있다고 주장한다. 그러나 노사간의 세력관계로 볼 때 이를 법제화시킬 가능성은 높아 보이지 않는다.

세의 인하 그리고 사회임금(*social wage*, 각종 형태의 사회적 급부)의 하향안정화 등으로 노동시장의 유연·안정성을 추구할 수 있었다. 한국의 임금결정체계나 사회보장체계의 현실을 감안할 때 이러한 방식(임금안정화 중심)의 타협은 매우 힘들고 성사된다 하더라도 그 경제적 효과는 매우 제한적일 수 있다.

오히려 대기업 정규직중심으로 조직된 노동조합의 벽을 허물고 보다 대형화하여 포괄적 조직(*encompassing organizations*)으로 전환하는 것이 임금안정에 기여할 수 있을 것이다. 이는 또한 노동조합의 감시하에서 근로기준과 사회보장의 법적 보호를 근로빈곤계층까지 확대함으로써 노동시장의 이중구조화를 완화하는 데에도 기여할 수 있다.

4) 작업장혁신

경제의 자유화, 동아시아 각국의 산업화와 더불어 국제분업이 과거와는 질적으로 다른 양상으로 전개되었다. 대기업은 물론 중규모기업들까지도 중국이나 동아시아에 생산기지를 건설하는 등 국제적 분업이 과거와는 달리 동아시아를 중심으로 전개되고 있다. 일본-'한국·대만·홍콩·싱가포르'-'중국·베트남·태국·필리핀·인도네시아·말레이시아' 등 사이에 완제품, 반제품, 원료 등의 무역, 투자처로서 생산과 판매기지 등에서 새로운 국제분업 관계가 중층적이고 복잡한 형태로 형성되어 왔다. 중국이나 동아시아국가들이 급속히 산업화되면서 막대한 해외투자를 유지하고, 주요한 수출국이나 수입국으로서 규모와 비중을 키워왔다.

이런 맥락에서 중국이나 동아시아국가 제품들과 직접적으로 가격경쟁을 해서는 승산이 없다. 이미 저임금에 기초한 신발, 의류, 완구, 가방, 산업, 저가의 가전 등이 생산기지를 국내에서 중국이나 동아시아로 옮긴 것에서도 입증된다. 한국의 상대적으로 높은 임금, 높은 땅값과 물류비용 등으로 저가제품을 생산하더라도 경쟁하기가 점점 어려워지고 있다. 일부 제조업 가운데는 외국인 노동자들을 들여와서 현재 수준을 유지하는 곳도 있으나 외국인 노동자들을 내국인 노동자와 같이 지속적으로 고용할 수는 없는 노릇이다. 또한 국내 제조업공장이 해외로 빠른 속도로 빠져나가면서 제조업 공동화의 우려도 제기된다.

이와 같이 새롭게 형성되는 동아시아의 국제분업을 단순한 위협이나 산업공동화의 우려 시각에서만 볼 일은 아니다. 오히려 동아시아에서 탄생하는 새로운 국제분업은 우리 산업의 구조적 고도화(*upgrading*)를 위한 중요한 기회를 제공한다는 점도 놓쳐서는 안 된다. 이미 상당수 기업들이 새로운 기술, 특히 IT기술의 적극적 활용, 선진적 경영관행(*management practices*)의 적극적 도입과 토착화, 연구개발 능력의 배가, 일본식 생산방식의 도입을 통한 제조기술의 발전, 그리고 이런 모든 것을 뒷받침하는 인적자원의 고급화를 통해 상당한 경쟁력을 확보하였다. 생산과 제조기술 분야에서 동아시아의 국제분업을 능동적 기회로 활용하기 위해서는 주요산업에서 제품과 서비스를 생산하는 작업장을 혁신하지 않으면 안 된다. 이런 혁신을 통해 높은 생산성과 높은 품질을 보증하는 제품과 서비스를 생산하는 작업장으로 바꾸지 않으면 동아시아 각국과 수평적 가격경쟁에서 이길 수 있는 길이 없을 것이다.

삼성전자, 삼성SDI, 포스코, 현대·기아자동차, 현대중공업, 대우해양조선, LG전자, LG필립스 등 대기업과 적지 않은 중견기업들이 기술혁신과 작업장혁신을 통해 국제시장에서 경쟁력을 평가받는다. 그러나 이들 기업에서도 여전히 대립적 노사관계, 낡은 방식의 인력관리로 노동자들의 전적인 신뢰와 몰입을 이끌어 내지 못하는 경우가 허다하다. 또한 여전히 상당수 기업들이 품질경쟁력을 확보하기 위해 필요한 내부혁신, 특히 생산에서 혁신을 하지 못하여 경쟁력의 위기를 맞고 있다. 아직도 노사관계 개선과 작업장혁신을 통해 개선할 수 있는 여지가 많다고 할 수 있다.

작업장혁신은 무엇보다도 경영진이 우선적으로 보여주어야 할 전략, 정책의 변화를 전제로 작업장 노사관계를 개혁함으로써 이루어질 수 있다. 그에 필수적인 근본적 과제를 몇 가지로 나누어 볼 수 있다. 우선, 생산직 혹은 직접서비스 제공노동자들을 어떻게 하면 조직의 목표와 문화에 깊숙이 통합시켜 높은 신뢰도와 헌신성을 이끌어 낼 수 있을 것인가 하는 점이다. 생산직과 대졸사무직에 대한 어떤 형태의 차별적 대우가 남아 있을 때 생산직, 기능직 노동자들에게 우리와 그들(*Us vs Them*)을 구분하는 경계선이 마치 넘을 수 없는 거리로 남아 있을 것이다. 생산직, 기능직, 서비스직 노동자들의 화이트컬러화를 이루기 위한 다각적 노력이 필요하다. 이를 위해서는 LG전자나 유한킴벌리에서 경영진들이 보여주었던 생산직 노동자들과 생산에 대한 전혀 새로운 방식의 접근이 필요하다. 삼성전자, LG전자나 유한킴벌리에서는 그런 본보기를 볼 수 있다.

다음으로 생산직, 기능직 노동자들도 대졸사무직들이 자기경력을 전망하고 관리할 수 있는 것처럼 숙련과 기능의 축적, 조직내부에서의 책임성에 따라 유사한 경력을 쌓을 수 있는 경로를 만들어 주어야 한다. 현재의 조장, 반장, 직장 등의 자리 이외에도 생산직, 기능직으로서도 사회적으로 인정받을 수 있도록 다양한 기술, 기능에 대한 자격증제도와 그에 따른 보상과 권한과 책임을 부여해야 한다. 경영진은 여기에 필요한 교육과 훈련시간과 비용을 제공할 필요가 있다. 유한킴벌리의 사례는 현장근로자들에 대한 지속적 교육과 훈련이 높은 생산성과 품질 그리고 근로자들의 지식노동자화로 높은 성과를 낼 수 있음을 보여준다. 생산직, 기능직 노동자들도 노력하여 사회적으로 인정받을 수 있는 기술과 숙련을 쌓으면 대졸자 못지않은 보상과 대우를 기대할 수 있는 제도를 만들어야 할 것이다.

세 번째로 경영진과 노동자들 간의 심리적 계약관계가 장기적이며 신뢰에 바탕을 둘 수 있도록 종합적이고 가시적인 노사파트너십 정책이 마련되어야 한다. 단기적 이익중심의 경영, 기업이 좀 어려울 때 경영진이 해고 등으로 고용안정을 위협하는 전략을 갖고 있다면 노동자들이 경영진에게 장기적 신뢰와 헌신을 보이기 어렵다. 중장기적으로 고용을 보장할 수 있는 가시적인 국내고용 중시정책 등을 마련함으로써 노사신뢰와 심리적 계약을 잘 유지해야 할 것이다.

마지막으로 이러한 노사파트너십은 작업장에서 생산방식의 혁신을 낳을 수 있는 토대가 된다. 생산기술과 공정혁신의 열쇠는 외부에 있다기보다 생산현장 안에 있다. 신뢰와 헌신성을 가진 노동자들은 공정을 어떻게 혁신할 수 있는지, 생산기술을 어떻게 하면 향상시킬 수 있는지에 대한 지식을 그동안 축적된 경험을 통해 조금씩이나마 갖고 있다. 경영진은 현장노동자들의 이러한 암묵지(*tacit knowledge*)를 끌어모으고, 현장노동자들이 그러한 관심과 노력을 더욱 기울이도록 격려하여 이를 생산에 반영하는 것이다.

내부의 경험이나 노력의 한계는 생산의 다양한 모범사례(일본의 린생산방식, 미국의 고성과 작업장), 품질관련 프로그램(TQM, 6 시그마) 등을 외국에서 도입하여 창조적으로 적용해 보는 것이다. 많은 기업에서 외국의 모범사례를 유행처럼 도입했다가 잊어버리고 또다시 새로운 관행을 찾아나서는 식으로 해서는 성공할 수 없다. 오히려 외국에서 소개된 생산방식과 관행들을 다양하게 실험하는 과정을 통해 우리의 실정에 맡게 토착화시켜 우리 작업장에 맞도록 재창조하는 것이 필요하다.

■ 참고문헌

김유선(2005), "토론요지", 《역동적 균형과 선진한국》, 광복60주년기념사업추진위원회.

김정한(2005), "기업별 노조의 실태와 구조적 한계", 《월간 노동리뷰》 3월호, 한국노동연구원.

김태현(2004), 《산별노조운동의 현단계》, 한국노동연구원.

김 훈 외(2000), 《세계 초우량기업의 작업장 혁신 사례연구》, 한국노동연구원.

남재량(2004), 《고용불안계층의 실태 및 고용정책과제》, 한국노동연구원.

노사정위원회(2003), "노사관계 발전을 위한 정책과제", 노사관계발전추진위원회 실무연구반 보고.

노용진·김동우(2005), 《2004년 임금교섭실태와 정책과제》, 한국노동연구원(출판예정).

박덕제(Park, Duk-Je 1992). "Industrial Relations in Korea", *International Journal of Human Resource Management* 3(1): 105~123.

박동운(2003), "노동시장 유연성의 국제비교", 제3회 자유주의정책 심포지엄 논문집, 한국 하이에크 소사이어티.

신원철(2001), “기업 내부노동시장의 형성과 전개: 한국 조선산업에 관한 사례연구”, 서울대학교 대학원 사회학과 박사학위 논문.

안주엽 · 이인재(2003), 《비정규직 근로자 제도개선의 경제 · 사회적 영향 분석》, 한국노동연구원.

이병희(2004), 《노동이동과 인력개발연구》, 한국노동연구원.

이인재(2005), “한국노동시장은 경직적인가”, 《월간 노동리뷰》 3월호 한국노동연구원.

이장원 외(2004), 《한국의 파업구조와 특성에 관한 연구》, 한국노동연구원.

임상훈 외(2003), 《노사정위원회 평가 및 발전방안 연구》, 한국노동연구원.

정이환 · 임상훈(2003), “한국의 단체교섭 구조와 사회적 대화진단”, KTC-ILO International Workshop 2003, 노사정위원회.

조성재 외(2004), 《원하도급업체간 임금격차 실태분석 및 개선방안》, 한국노동연구원.

최영기 · 전광석 외(2000), 《한국의 노동법개정과 노사관계》, 한국노동연구원.

최영기 외(2001), 《87년 이후 한국의 노동정치》, 한국노동연구원.

최영기 외(2004), 《한국형 노사관계 모델의 탐색》, 한국노동연구원.

황수경 외(2004), 《한국의 임금과 노동시장》, 한국노동연구원.

오쿠다 히로시(奥田 碩)(1999. 10), “‘不安の經濟’から ‘自信の經濟’へ 經營者よ、クビ切りするなら切腹せよ”, 《文藝春秋》.

IMD World Competitiveness Yearbook 2003, 2004, 2005.

Koike, Kazuo(1983), “Internal Labor Markets: Workers in Large Firms” in *Contemporary Industrial Relations in Japan*, ed. by Shirai Taishiro, University of Wisconsin Press.

OECD(2000), *Pushing Ahead with Reform in Korea.*

OECD(2004), *Employment Outlook.*

3 한국형 사회복지의 실험과 패러다임의 전환

김상균

1. 머리말 : 사회복지의 천지개벽

사람들은 '한강의 기적'을 말할 때 주로 경제발전을 머리에 떠올린다. 그러나 사회복지(또는 복지) 발전은 경제발전보다 훨씬 더 극적이어서 '기적'보다 더한 '천지개벽'이다. 이 글은 지난 60년간 우리나라 사회복지 부문에서의 변화를 회상하고 그것의 미래발전을 구상하기 위한 목적을 갖는다.

사회복지 변동이라는 주제를 다루는 방법은 크게 양분된다. 하나는 특정분야에 초점을 맞추어서 특별한 변화를 논하는 것이며, 다른 하나는 전체를 뭉뚱그려서 일반적으로 평가하는 것이다. 전자가 나무를 보는 것에 비유된다면, 후자는 숲을 보는 것과 같다.

사회복지 변동을 정치변동이나 경제변동 등과 비교하면 특정분야에 대한 평가라고 볼 수 있다. 그러나 복지의 본질이 종합적 특성을 내포하기 때문에 속성상 총체적 평가가 될 수도 있다. 예컨대, 사회보험제도를 중심으로 변화를 논하면 나무 감상이지만, 복지국가 한국을 분석하면 숲을 조망하는 것이 된다.

이 글의 순서는 제 2절에서 우리나라 사회보장제도의 변천역사를 네 시기로 구분하여 고찰한다. 여기서 분석대상이 된 경험적 사실들은 선별적으로 수집되었는데, 선별기준은 세 가지였다. 첫째, '재정중립'원칙을 잘 드러내는 사례 ; 둘째, 사회보험 관리체계의 일원화원칙과 관련이 높은 사례 ; 셋째, 취약계층 보호의 연기원칙을 잘 보여주는 사례들이다. 그와 같은 기준을 적용한 이유는 이 글의 내용이 이번 학술포럼의 핵심주제인 '역동적 균형'과 '선진한국'의 개념과 연계될 수 있도록 고려했기 때문이다.

이 글에서 사용되는 역동적 균형이란 용어는 복지의 외생적(*exogenous*) 차원과 내생적(*endogenous*) 차원 모두에 걸쳐 사용되며, 대비되는 두 개 이상의 개별요소간에 시너지효과가 유지되는 상태를 말한다. 그리고 균형점은 고정적 상태가 아니라 주변상황의 변화에 따라 수시로 이동하는 유동적 상태를 말한다. 예컨대, 복지의 실시가 경제의 발목을 잡거나, 반대로 복지의 미실시가 경제의 발목을 잡는 현상이 나타나면, 외생적 차원의 역동적 균형이 붕괴되었다고 판정한다. 다른 한편, 내생적 차원의 역동적 균형파괴를 보여주는 사례에는 사회보험제도와 사회부조제도 간의 불균형 또는 현금서비스 제공과 현물서비스 제공 간의 불균형 등이 있다.

제 3절에서는 2절에서 수집한 역사적 사실들을 분석하여 사회복지변동의 패러다임을 찾아낸다. 이 글에서 사용되는 패러다임이란 사회복지의 개념 및 목표, 제도의 디자인 및 관리 그리고 재원마련 등의 제반사항을 규정하는 최상의 원리 또는 논리를 말한다.

제 4절에서는 3절에서 밝힌 선경제·후복지 패러다임의 정책의도와 실적 간의 비교를 통해 성공과 실패를 분석하고 그 원인을 찾아낸다. 분석의 대상은 소득보장제도 또는 사회보장제도라고 불리는 공공부조와 사회보험제도 그리고 취약계층을 위한 사회적 서비스(*social services*)로 한정한다. 그렇게 한 첫 번째 이유는 복지제도의 개념이 원체 광범할 뿐 아니라 개별제도간의 특성차이가 심하기 때문에 모두를 포괄하기 어렵다는 것이다. 두 번째 이유는 다양한 복지제도 중에서 사회보장제도는 가장 기본적임과 동시에 복지국가를 대표하기 때문에 우선적으로 다룰 만하다는 것이다.

필자가 생각하는 복지국가의 발전은 전복지국가(*pre-welfare state*) 단계로부터 미성숙복지국가(*immature welfare state*)를 거쳐 마지막 단계인 성숙복지국가(*mature welfare state*)로 이어진다. 지난 60년간 우리는 전복지국가 단계로부터 미성숙복지국가로 이행하는 데 성공했다. 이제 마지막 단계인 성숙복지국가 즉, 선진한국으로 도약하려고 애쓰지만, 필요조건이 미비하여 쉽지 않다는 것이다. 여기서 말하는 필요조건은 인적자본(*human capital*)과 사회적 자본(*social capital*)을 구비하는 것이다. 인적자본은 새로운 성장동력 즉, 경쟁력을 갖춘 노동력을 의미하며 사회적 자본은 사회적 변동에 대처하거나 개혁정치(*politics of reform*)를 수행할 때 소요되는 환경조성의 비용을 뜻한다.

이 글은 만약 우리가 1982년에 시작했던 '경제사회발전 5개년계획'을 5년 내지 10년 정도 앞당겨 실시했거나 1993년에 입안된 '신경제 5개년계획'의 내용이 보다 친복지적(*welfare-friendly*)이었다면, 지금쯤 선진한국이 가능했을 것으로 추정한다. 나아가서 과거 60년간의 복지발전을 지탱했던 패러다임을 새로운 내용으로 변화시킬 것을 제안한다.

끝으로 제 5절에서는 복지의 신패러다임을 소개한다. 아울러 신패러다임과 구패러다임을 간단히 비교한다.

2. 해방 이후 사회복지제도의 역사적 전개양상

해방 이후의 사회복지 역사를 서술함에 있어, 먼저 고려해야 할 사항은 시대구분의 기준을 결정하는 것이다. 제일 단순하게 접근하는 방법은 시간적 구분이다. 예를 들면, 구종회는 10년 단위로 나누어서 1950년대, 1960년대, 1970년대 등으로 구분한 바 있다(구종회 외. 1996: 559~605). 그러나 시간적 구분방법은 시대구분의 과학적 엄밀성이 부족하다고 판단하여 이 글에서는 활용하지 않기로 결정했다.

두 번째 방법은 정권을 단위로 구분하는 것이다(김만두 외, 1993: 126~147 ; 정홍길, 1998: 85~99 ; 남기민, 2005: 84~93 등). 정권기준 방법의 장점은 사회복지 분야의 업적과 실패를 정권별로 비교연구할 수 있다는 것이다. 그러나 과거 60년간의 역사를 관통하는 어떤 패러다임을 찾아내려는 이 연구의 목적에는 정권별 비교방법이 적합하지 않다고 생각하여 채택하지 않았다.

세 번째 방법은 현대적 사회복지제도로의 접근정도를 기준으로 구분하는 것이다(김기태 외, 1999: 107~117 ; 현외성 외, 1999: 183~188 ; 박용순, 1999: 73~77). 이 방법은 우리나라 복지제도의 진화적 과정을 한눈에 파악할 수 있는 장점을 지닌다. 그러나 단점은 제도의 발전과정을 도입 또는 확립, 확대 그리고 성숙과 같이 단순화한 나머지 시대적 특성을 세밀하게 분석할 수 없다는 것이다. 이 연구에서는 장점이라고 생각되는 부분만을 채택하기로 하였다.

마지막 방법은 제도변천의 전개과정을 설명할 수 있으면서 동시에 시대별로 제도의 특성차이를 반영할 수 있는 방향으로 검토하는 것이다(김상균 외, 2005: 224~230). 이 방법은 앞서 소개한 세 번째 방법의 일부를 포함하면서 동시에 이 글의 목적인 제도변천 과정에 대한 고찰에 잘 부합된다고 판단하여, 이 글의 기본틀로 채택하였다.

다음으로 고려해야 할 주요사항은 제도의 전개과정과 그것에 기초한 시대별 특성을 동시에 포착하기 위해 어떤 내용에 초점을 맞추어서 서술해야 하는가를 고민하는 것이다. 이를 위해 생각한 것이 이번 학술포럼의 키워드인 '역동적 균형과 선진한국'이었다. 그리하여 각 시대별로 역동적 균형이 유지되는지 아니면 무너지는가를 판단함에 있어 유용하게 사용될 수 있는 자료들을 집중적으로 수집하였다.

1) 외국원조 의존기 (1945~1960)

이 시기는 미군정기(1945. 9. 8~1948. 8. 15)와 제 1공화국(1945~1960)으로 다시 양분된다. 먼저 미군정기를 보면, 과연 이 시기에 국가복지(*state welfare*)가 성립 가능했을까 하는 의문이 든다. 공권력이 작동하지 않는 상황이면, 설사 복지재원이 마련되었다 하더라도 체계적 국가복지는 집행될 수 없기 때문이다. 그런데 설상가상으로 당시의 경제실상은 사회복지재원을 국내에서 독자적으로 조달할 수 없게 만들었다. 제조업의 생산력은 식민지시대보다 오히려 감소하였다(사쿠라이 히로시·최장집, 1985: 425 인용, 하상락 편, 1989: 426 재인용). 농업부문은 1947년의 경지면적이 1944년에 비해 78.7%로 줄어들었는가 하면, 곡물수확고는 81.1%로 떨어졌다(박혜숙, 1987: 376, 하상락 편, 1989: 427 재인용). 한마디로, 사회복지의 재원이 될 만한 국가경제의 기초(*fundamental*)가 없었던 것이다.

미군정기의 빈곤실태를 고찰한 이영환에 의하면(하상락 편, 1989: 431~432), 군정 3년 동안 최소한 2백만 명 이상의 요구호자가 계속 존재했다는 것이다. 그 숫자는 남한인구의 12.5%에 해당된다. 그런데 그들의 절반을 차지하는 사람들은 전재민 또는 전재동포라고 불리어진 해외 또는 북한거주 귀환동포들로 추정되었다.

미군정은 응급구호를 위한 행정체계를 필요로 했다. 그리하여 1945년 10월 27일에 공포한 미군정 법령 제18호를 통해 정부조직 내에 보건후생국을 설치하여 본격적인 응급구호에 착수하였다. 1946년 1월과 2월에는 잇달아 3개의 구호준칙을 제정하였다(장인협, 1982: 8~9, 하상락 편, 1989: 440 재인용). 후생국보 3호(1946.1.12)는 공공구호(*public relief*)에 대한 사항을 규정하였는데, 그 중 3A호는 이재민과 피난민에 대한 구호를 규정하였다. 그리고 3C호는 국민과 실업자에 대한 규칙이었다. 후생국보 3호는 조선총독부가 1944년 3월 1일에 공포했던 조선구호령을 승계했던 것인데, 1962년부터 유효하게 된 생활보호법의 모태이다. 〈표 3-1〉은 당시의 보건후생부 예산규모를 보여준다. 1946년 4억여 원의 예산이 2년 뒤인 1948년에는 두 배가 넘는 9억여 원으로 증가하였음을 알 수 있다. 이는 당시의 응급구호 필요성을 단적으로 보여주는 자료이다.

사회질서를 회복하고 소련의 영향력에 맞서기 위해서는 정부예산만으로 역부족이었기 때문에, 미군정은 남한에 대한 구제부흥계획을 수립하고 무상원조를 시작하였다. 당시 공식원조의 대부분을 차지했던 미육군성 점령지역 구제자금(GARIOA FUND) 원조액은 1946년 약 5천만 달러에서 이듬해인 1947년에는 3.5배로 늘어나서 1억 7천 5백만 달러를 상회하였다(부흥부, 1957: 185; 하상락 편, 1989: 439 재인용). 외국원조의 필요성이 빠른 속도로 증가했음을 보여주는 자료이다.

〈표 3-1〉 미군정기 보건후생부 예산

(단위: 원, %)

연 도	총 세출예산	보건후생 예산		합 계	비 율(%)
		경상비	임시비		
1946	11,821,000,000	—	—	415,125,000	3.5
1947	17,719,164,300	151,489,700	640,510,300	792,000,000	4.47
1948	29,726,603,600	171,560,800	773,130,500	944,691,300	3.18
1949	58,402,475,448	523,052,600	1,319,051,700	1,842,104,300	3.15

자료: 이영환(1989) ; 하상락(1989) : 457 재인용.

미군정당국이 1945년 10월에 발표한 공정환율이 1달러당 15원이었기 때문에, 1946년과 1947년의 미국 구제자금을 〈표 3-1〉의 보건후생부 예산에 대비해보면, 당시 미국원조의 규모를 가늠할 수 있다. 1946년의 경우, 원조액이 보건후생부 예산의 두 배였으며, 1947년에는 세 배 이상으로 상대적 비중이 늘어났다. 덧붙여, 이영환이 수집한 자료에 의하면(하상락 편, 1989: 439), 현물원조인 잉여농산물 수입도 1946년 5월에서 12월까지의 분량이 18만여 톤이었는데, 1947년 1월부터 6월까지는 27만 5천여 톤으로 크게 늘어났다. 이상과 같은 자료를 보면, 미군정기를 외국원조 의존기로 부르기에 충분하다고 판단된다.

제1공화국의 사회복지를 고찰함에 있어 핵심이 되는 역사적 사건은 1950년의 한국전쟁 발발과 1953년의 휴전이다. 하상락의 진술에 의하면(1989: 89~90), 요구호 대상자는 1951년의 780여만 명에서 1953년의 980여만 명까지 늘었다가 이후 줄어들기 시작하여 1957년에는 440여만 명으로 집계되었다고 한다.

졸지에 급증한 요구호자들을 임시로 보호할 수 있는 유일한 길은 시설보호였다. 〈표 3-2〉는 1959년의 후생시설 현황을 보여주는데, 당시의 시설은 총 686개로 나타났다. 한국동란 이후 수용시설 수가 급증하였음을 알아낼 수 있는 자료로서는 이영환이 수집한 미군정기의 후생시설 현황자료가 있다. 〈표 3-3〉이 그것인데, 한국전쟁 직전인 1949

〈표 3-2〉 1959년 3월 31일 현재 후생시설 현황

사업별 / 도별	영 아	육 아	불 구 (아 동)	부랑아	직업 보도	탁 아	허약아	양 노	불구 (성인)	걸긴 수용	상담 (아동)	사회사업 조성단체	계
서 울	9	38	1	24	4	3		4	1	1	1	17	125
경 기	2	76	1	1	2	1	1	4					96
충 북		13	1	1				1	2				19
충 남	2	50		1				5	1				61
전 북	3	27	1		1			6					48
전 남	3	39	2	2	1	1	1	1	1			2	54
경 북	7	56	1	6	2	1		10	4	2			96
경 남	13	98	1	2	5	4		7	3			4	166
강 원	1	21						2					25
제 주	1	7						1	1			2	13
계	41	426	8	37	15	9	2	41	13	3	1	25	686

자료: 하상락 편, 1989: 92.

〈표 3-3〉 미군정기 후생보호시설 현황

연도	아동시설*		양로시설		행려불구자시설		합계	
	시설 수	수용자 수	시설 수	수용자 수	시설 수	수용자 수	시설 수	수용자 수
1945	42	1,819	8	128	3	245	53	2,192
1946	70	4,558	9	268	7	362	86	5,188
1947	86	6,149	12	368	18	704	116	7,221
1948	101	7,393	12	514	16	566	129	8,473
1949.2	101	7,338	12	614	16	488	129	8,420

자료: 이영환(1989) ; 하상락 편(1989) : 443 재인용.

년의 후생시설 총수는 129개이었다. 〈표 3-2〉와 〈표 3-3〉을 비교해보면, 전쟁 후의 시설 수는 전쟁 전에 비해 5배 이상으로 늘어났음을 알 수 있다.

이 시기에 제정된 주요 사회복지 관련법률로는 군사원호법(1950.4)과 경찰원호법(1951)에 의한 국가유공자보상관련법, 사보험적 성격을 지녔던 국민생명보험법과 우편연금법(1952.12), 근로기준법(1953.5), 공무원연금법(1960.1) 등이 있다. 그리고 이 중 공무원연금법을 제외한 나머지 입법들은 이름과 달리 실효성이 극히 미미한 것들이었다. 그러나 근로기준법은 10년 후 1963년에 제정된 산업재해보상보험법의 모태가 되었다.

전쟁은 그렇지 않아도 허약하던 사회복지의 물적 토대를 파탄지경으로 몰아갔다. 전후복구사업에 치중할 수밖에 없었던 정부로서는 사회복지를 추진할 물적 능력이 절대적으로 부족하였다. 그와 같은 공백부분을 외국의 민간원조기관(외원기관)이 떠맡았다. 전쟁이 발발하자 UN은 세계 각국에 원조를 요청했고 그 결과 많은 외국원조(외원)단체들이 한국에 구호금품을 보내거나 직접 진출하였다. 외원기관들의 한국진출은 구한말에 처음 시작되었지만 대규모진출은 한국전쟁이 계기가 되었던 것이다.

보다 체계적인 구호활동의 필요성이 제기되자 1952년 3월 5일 당시 임시수도 부산에서 7개의 외원단체가 한국외원단체연합회(Korea Association of Voluntary Agencies: KAVA)를 결성하여 보건사회부에 등록함으로써 법적으로 인정받았다. 7개로 시작한 KAVA의 회원단체는 1954년에 33개로 늘어났으며, 이후 계속 확장되었고 전성기였던 1970년에는 76개에 이르렀다. 그러나 KAVA 회원단체는 당시 한국에서 구호활동을 하던 민간외원단체들의 일부에 불과했기 때문에 외원단체의 최대총수는 그보다 훨씬 많은 123개로 집계되었다(카바40년사편찬위원회, 1995: 77~78). 이들의 활동이 급속도로 확대될 수 있었던 배경에는 우리 정부의 노력과 협조가 있었다. 정부는 1955년 5월 2일에 "한미간 민간구호활동에 관한 협정"을 맺었고 1959년 4월 2일에는 정부와 외원단체들의 협의기구인 '구호협의위원회'가 중앙 및 시도에 구성되어

〈표 3-4〉 외원지원액의 상대적 규모 추이

연 도	외원지원액 ÷보사부예산(%)	아동복지시설 운영재원 구성		
		정부보조	외원지원	자부담 · 기타
1958	36.2	28.3	36.5	35.2
1959	27.9	22.9	41.5	35.6
1961	216.3	21.1	53.3	25.6
1962	106.2	20.2	56.0	24.0
1965	165.9	15.5	64.0	20.5
1966	119.6	17.4	53.3	29.3
1967	76.5	19.8	50.3	29.9
1968	43.9	22.2	52.5	25.3
1969	65.8	26.2	51.0	22.8
1974	145.6	48.0	29.0	23.0
1975	34.7	49.1	25.9	25.0
1981	15.8	62.6	5.7	31.7

자료: 백종만(1996): 60; 감정기(2002): 379 재인용.

활동을 시작했던 것이다.

독자적으로 사회복지를 수행할 능력이 없었던 우리 정부로서는 외원단체를 활용할 수밖에 없었다. 당시 한국정부와 외원단체 간의 관계를 일목요연하게 표현한 말이 'KAVA는 제 2의 보사부이다'(카바40년편찬위원회, 1995: 77)라는 문구이다. 그만큼 당시 우리의 사회복지는 외국원조에 의존했던 것이다. 〈표 3-4〉는 외원단체들이 국내로 도입한 외국원조의 실적을 연도별로 정리한 것이다. 그런데 백종만의 연구는(백종만, 1996: 60 ; 감정기 외, 2002: 379 재인용) 특히 1961년과 1966년 사이 6년 동안의 외원규모가 보사부 예산규모보다 더 컸던 것으로 밝힌 바 있다. 이 시기 사회복지는 그야말로 외원 없이는 성립조차 불가능했던 것이다.

이상에서 소개한 우리나라 사회복지제도 변천사 제 1기를 통해 우리는 외국원조 의존기라는 명칭이 제 1기의 특성을 적절하게 표현하였음을 알 수 있다. 아울러 그 당시의 상황은 미약한 국가경제력 때문에 현대적이고 자주적인 사회복지제도를 구축할 수 없었다는 사실을 확인할 수 있다. 더욱이 당시의 불안한 안보정세는 사회복지는 차치하고 경제마저도 전념할 수 없을 만큼 급박했던 것이다.

외원기와 제 1공화국의 두 기간을 관통하는 특징은 두 가지로 요약된다. 첫째, 당시 사회복지는 응급구호와 시설보호 위주로 전개되었기 때문에 현대적 사회복지의 특성은 출현하지 않았다는 것이다. 두 번째 특징은 구호재원의 상당부분을 외국원조에 의존했다는 사실이다. 이와 같은 상황하에서 내생적 차원의 역동적 균형은 고려대상이 될 수 없었고 오로지 외생적 차원의 고려만이 가능하였다. 즉, 복지를 지원할 수 있는 경제인프라의 구축이 국가발전의 최대목표였지만, 그것은 실현되지 못했고 그 결과 심한 불균형상태가 이어졌다.

2) 제도도입기 (1961～1988)

쿠데타로 정권을 장악한 박정희의 제 3공화국, 1972년의 '10월 유신'으로 태어난 제 4공화국 그리고 1980년의 '광주민주화운동'을 무력으로 진압한 후 정권을 장악한 전두환의 제 5공화국으로 이어지는 26년간은 한마디로 권위주의국가(*the authoritarian state*)의 연속이었다.

비민주적 통로로 정권을 잡았던 권위주의국가는 정통성의 약점을 민심수습용 사회복지 입법과 경제개발계획의 추진으로 보완하려고 노력하였다. 사회복지 입법부분을 보면, 경제개발 5개년계획이 시작되기 전인 1961년 12월 30일에 우리나라 아동복지법의 효시인 "아동복리법"이 제정되었다. 그러나 그 법은 허약한 정부재정과 졸속입법이란 이유로 명분뿐인 입법이었다(김근조, 1994: 405). 공공부조의 기본법인 생활보호법도 1961년 12월 30일에 제정되어 그 이듬해인 1962년부터 발효되었다. 그러나 형태만 공공부조였고 내용은 식민통치하의 조선구호령과 큰 차이를 보여주지 못했다.

이 시기 국가발전의 최상위목표는 '경제성장'이었고 그것을 달성하기 위한 기본전략은 '경제개발 5개년계획'의 수립 및 집행이었다. 따라서 사회복지정책은 경제성장 목표와 전략의 엄격한 통제를 받을 수밖에 없었다. 이 시기 26년 동안 5개년계획은 다섯 차례에 걸쳐 실행되었는데, 고도성장률(4차까지 연 평균 8.1%)에 힘입어 경제발전의 기본조건 구축에는 어느 정도 성공하였다. 그러나 그 이면에는 복지의 외생적, 내생적 불균형이 나타나기 시작하였다. 그리하여 제 5차계획(1982~1986)은 경제와 복지 간의 불균형을 시정하기 위해 그 명칭을 경제사회발전 5개년계획으로 바꾸었다.

이 시기의 큰 특징은 선행했던 외원의존기와 달리 한국형 사회복지제도의 실험에 착수했다는 것이다. 그리하여 제도를 도입하기 위한 준비작업을 하거나 실제로 제도를 도입했다. 이와 같은 특징이 나올 수 있었던 배경을 이해하려면 이 시기의 대표적 정치구호였던 '조국근대화'의 의미를 음미하면 된다. 즉, 당시 우리 사회의 전근대적 상태를 하루 빨리 극복하기 위해 근대화는 경제부문의 공업화에서 시작하되 복지제도의 근대화도 해야 된다는 뜻이 함축되어 있다. 따라서 이 절의 주내용은 경제개발계획과 사회복지제도 도입을 중심으로 서술하고자 한다.

제 1차 경제개발 5개년계획(1962~1967)은 1961년 후반에 급조된 것으로 알려졌다(강광하, 2000: 25). 1차계획의 기본목표는 "모든 사회·경제적인 악순환을 시정하고 자립경제의 달성을 위한 기반을 구축하는데 있다"(대한민국정부, 1962: 19 ; 강광하, 2000: 27 재인용)라는 문장에 잘 드러나 있듯이 매우 포괄적으로 규정되었다. 1차계획의 중점목표는 에너지공급원의 확보와 수출증대 등 여섯 가지로 요약되었는데, 사회복지 관련항목은 발견되지 않았다. 국내자본의 형성을 최우선으로 삼았던 당시 상황으로서는 불가피한 결과라고 해석된다.

1차 5개년계획 기간중에 등장한 주요 사회보장제도를 살펴보면 다음과 같다. 당시 각의는 보건사회부가 작성한 "사회보장심의위원회규정"을 1962년 2월 20일에 각령으로 공포하였다. 그 법에 따라 사회보장심의위원회(사보심)가 보건사회부장관 소속하에 설치되어 장관에 대한 자문역할을 시작했다. 사보심의 첫 작품은 1963년 11월 5일에 동시적으로 제정된 "사회보장에관한법률"과 "산업재해보상보험법"이었다. 전자는 1962년의 각령을 입법화한 것이었고 후자는 사보심이 2년 남짓 연구한 결과물 중 제1호 사회보험 입법이라는 의의를 갖는다.

산업재해보상(산재)보험법은 1964년 7월 1일부터 500인 이상 상용근로자를 채용한 광업 및 제조업에 적용되기 시작하였다. 산업화를 지상과제로 여겼던 당시의 지도자들에게 산업재해는 최대의 관심사였음을 말해주는 증거이다. 이듬해인 1965년부터 1968년까지 매년 한 차례씩 적용대상 사업장의 규모가 확대되었다(노동부, 1997 ; 이인재 외, 2002: 405 재인용). 이와 같은 확산모습은 사회보험 적용대상을 지불능력이 많은 쪽으로부터 점차 적은 쪽으로 옮겨가는 '강자우대'전략의 원형이 되었다. 이 전략은 조국근대화 전략의 핵심인 압축성장 패러다임과 직결되는데, 단기간에 최대의 양적 성장을 가시화할 수 있는 최적의 전략으로 볼 수 있다.

2차계획(1967~1971)은 1년간의 준비를 거쳐 작성되었는데, 기본목표와 중점목표 역시 주로 산업구조의 근대화와 자립경제 확립과 같이 경제성장에 집중함으로써 1차계획과 유사한 모습이었다. 2차계획 기간중에 주목할 만한 사회보장제도의 변화는 역시 산재보험의 확대양상이었다.

3차 5개년계획(1972~1976)은 사회복지 변천사에서 중요한 의미를 갖는다. 왜냐하면, 사회보장의 확충과 국민의 복지향상이란 문구가 5개년계획의 중점목표에서 최초로 등장했기 때문이다. 3차계획을 수립함에 있어 정부는 앞선 두 차례에 걸친 5개년계획의 집행을 통해 목표치 이상의 경제성장률이 이룩되었을 뿐 아니라 국민들도 자신감을 갖게 되었다고 판단함으로써(대한민국정부, 1971: 1, 강광하, 2000: 58 재인용) 야심차게 복지부문을 포함시킨 것 같다.

3차계획의 8대 중점목표들 중 주목을 끄는 부분은 4번째 중화학공업의 건설과 8번째의 사회보장 확충 및 국민복지 향상이란 항목이다. 이 시기의 사건들 중 1973년 말에 제정된 "국민복지연금법"은 의미심장하다. 왜냐하면, 4대 사회보험 중 연금제도가 산재보험에 이어 두 번째로 도입 계획선상에 올랐기 때문이다. 이 사실만 놓고 보면, 정부의 복지에 대한 정책의지가 비교적 이른 시기에 표출된 것처럼 해석할 수 있다. 그러나 전남진의 분석에 의하면(전남진, 1987: 436), "국민복지연금법" 제정의 숨은 의도는 중화학공업 육성에 필요한 국내자금의 조달이었다는 것이다. 그리하여 3차계획 기간중에도 복지는 여전히 경제에 예속되어 있음을 명료하게 보여준다. 산재보험은 3차계획 기간중에도 계속 확대일로에 있었다.

4차계획(1977~1981)은 "성장·형평·능률의 이념하에 자력 성장구조를 확립하고 사회개발을 통하여 형평을 증진시키며 기술을 혁신하고 능률을 향상하는 것"(대한민국정부, 1976: 13, 강광하, 2000: 74 재인용)을 목표로 하였다. '사회개발'과 '형평'이란 단어가 새롭게 등장한 것이나 의료보장의 확대를 천명한 부분은 3차계획에 비해 사회복지부문의 진일보한 측면이라고 풀이된다. 그러나 세부목표와 정책내용을 분석한 강광하에 의하면(2000: 74), 4차계획 역시 그 이전과 유사하게 성장중심으로 되어 있으며, 형평과 능률은 부차적 목표에 불과했다는 것이다.

4차계획 기간중에 나타난 사회복지제도상의 최대변화로는 1977년 7월부터 의료보험제도가 상시고용 500인 이상 사업장에 강제적용되기 시작했다는 사실이다. 그리하여 의료보험은 4대 사회보험 중 산재보험에 이어 두 번째로 실시되는 영광을 얻었다. 의료보험의 실시에 앞서 보건사회부는 "의료보호에 관한 규칙"을 1977년 1월 4일에 제정하고 공공부조 성격의 급여인 의료보호사업을 먼저 시작하였다. 의료보호 급여는 원래 1961년의 "생활보호법"상에 규정되어 있었지만, 그때까지는 '극빈자 무료진료' 차원의 단순구제에 머물렀던 것을 "생활보호법"으로부터 분리시킨 것이다. 의료보호사업의 보다 강력한 법적 근거는 1977년 12월 31일에 제정된 "의료보호법"인데, 그 법의 제정에 따라 1977년의 의료보호에 관한 규칙은 1979년부터 폐지되었다. 이후 1987년까지 의료보호제도는 대상자확대와 본인부담률 인하를 중심으로 변천하였다.

의료보험의 실시는 "국민복지연금법"에게는 불명예로 다가왔다. 입법절차는 이미 1973년에 마쳤지만, 원유파동의 영향으로 실시가 연기되면서 오늘내일 시작명령만을 기다리던 차에 의료보험에게 선수를 빼앗겼기 때문이다. 일단 실시에 들어간 의료보험은 2년이 채 경과되기 전인 1979년 4월 7일부터 대상사업장의 규모를 300인 이상으로 확대시켰고 1981년 1월 1일에는 100인 이상으로 재차 확대시켰다. 이는 평균 2년에 한번씩 그 대상을 확대하는 전략이라고 볼 수 있는데, 변화속도만 다를 뿐 '강자우대'전략은 산재보험의 경우와 유사하다. 한편, 4차계획 기간중에 산재보험은 확대를 멈추었다.

4차계획 기간중에 나타난 새로운 사건으로서는 1980년에 불거져 나온 이른바 '의료보험 통합일원화'(줄여서 일원화) 논쟁이 있다. 이 논쟁의 핵심이슈는 의료보험의 관리운영체계를 다수의 조합에 의한 독립채산제로 할 것인가 아니면, 하나로 통합할 것인가의 문제였다. 이후 역사는 결국 일원화로 낙착되었지만, 그 논쟁은 우리나라 사회보험사에서 '이데올로기 대리전쟁'이라 부를 만큼 의미심장한 장면들을 연출한 바 있다(이두호 외, 1992: 317~357). 일원화논쟁에 대한 보다 구체적 설명은 다음 절에서 소개한다.

'일원화논쟁'의 여파는 의료보험조합의 수적 변화로 이어졌다. 의료보험제도를 시작할 1977년 7월 당시의 관리운영체계는 일본 및 독일제도를 모방한 조합방식이었다. 그래서 498개의 조합이 업무를 개시했는데, 제도의 확대에 따라 조합 수는 증가일로에 있었다. 〈표 3-5〉를

〈표 3-5〉 직장의료보험 조합의 설립추이

연 도		1977	1978	1979	1980	1981	1982	1983	1984	1985	1986	1987
조합수	계	513	592	603	423	185	146	146	146	144	144	148
	단독	494	570	552	365	114	72	72	72	70	70	70
	공단 및 지구공동	19	22	51	58	71	74	74	74	74	74	78
설 립		513	89	56	8	15	4	—	—	—	—	4
해 산		—	4	8	7	4	—	—	—	—	—	—
합병	자율 합병	—	6	8	72	5	4	—	—	2	—	—
	지구통폐합	—	—	29	109	244	39	—	—	—	—	—

자료: 이두호 외(1992): 284.

보면, 실시 후 6개월이 지난 1977년 말에는 513개로 늘어났고 2년 후인 1979년에는 603개로 정점에 이르렀다. 이후 1980년의 1차 통·폐합조치에 의해 423개로 줄었고 이듬해의 2차 통·폐합에 의해 185개로 감소되었다.

제도도입기의 다른 주요제도를 보면, 1981년 4월 13일을 기해 그 이전의 "아동복리법"이 "아동복지법"으로 명칭이 변경되었을 뿐 아니라 내용도 크게 달라졌다. 그리고 "노인복지법"과 "심신장애자복지법"이 같은 해 6월 5일에 제정되었다. 이러한 사례들은 성장일변도전략에 가려 장기간 잊혀졌던 취약계층에 대한 국가보호의 책임의식이 살아나기 시작했음을 보여주는 증거이다.

특히 노인과 장애인들은 급속한 산업화의 후유증으로 나타난 대표적 취약계층이었는데, 그들은 그때까지 정부가 견지한 사회보험 위주의 복지발전 기본구도로부터 배제되었던 것이다. 그러나 해당법들의 조문을 자세히 들여다보면, 이들 취약계층에 대한 정부의 관심은 여전히 피상적이었음을 알 수 있다. 일례로, 1984년 4월 13일에 전문개정된 "아동복지법" 제27조(비용보조)는 "국가와 지방자치단체는 대통령령이 정하는 바에 의하여 다음 각호의 1에 해당하는 비용의 전부 또는 일부를 보조할 수 있다"라고 규정하였다. 즉, 수급자가 국가를 상대로 정정당당하게 요구할 수 있는 복지권은 명시되지 않았고 국가의 책임은 자유재량 차원에 머물렀던 것이다.

5차계획(1982~1986)의 표면적 특징은 그 명칭이 크게 바뀌었다는 점이다. 그 전에는 '경제개발 5개년계획'이었지만, 이번에는 '사회'라는 새로운 범주가 추가되었을 뿐 아니라 '개발'이란 용어 대신에 '발전'이란 용어를 사용하여 '제5차 경제사회발전 5개년계획'이 된 것이다. 그와 같은 명칭변경은 5개년계획의 기본틀을 경제개발 집중에서 사회개발에도 관심을 쓰는 방향으로 전환하겠다는 정책의지의 표명으로 볼 수 있다.

그러나 사회발전이라는 새로운 범주의 도입에도 불구하고 복지제도의 변화패턴에는 별다른 차이가 발견되지 않았다. 즉, 산재보험의 적용대상 사업장규모가 1982년에 10인 이상 그리고 일부업종에는 5인 이상으로 늘어났다. 한편, 1961년 12월 30일에 제정된 "생활보호법"은 시행령이 8년 만인 1969년에 만들어졌지만, 세행규칙은 차일피일 연기되다가 드디어 1984년 3월 31일에 제정되었다. 이로서 그동안 사회보험에 비해 홀대를 받아오던 공공부조가 최소한의 법적 구색을 갖추게 되었다.

의료보험의 강제적용 대상이 되는 사업장의 규모는 1983년 4월 1일을 기해 100인 이상에서 16인 이상으로 확대되었다. 의료보험제도 관리·운영체계상의 변화를 보면, 앞서 1981년에 단행된 제2차 통·폐합 결과 185개로 줄어들었던 직장조합의 수가 1982년의 제3차 통·폐합조치로 다시 146개로 감소되었다. 이후 직장 의료보험조합의 수적 증감에는 큰 변화가 없었다. 특히 5차계획 기간 끝 부분인 1986년 9월에는 '의료보험 통합일원화' 논쟁 제2라운드가 시작되었는데, 그것에 관한 설명은 다음에 나오는 제도확대기에서 계속된다.

이상에서 고찰한 우리나라 사회복지제도 변천사 제2기의 특성은 복지가 경제개발에 도움이 되는 경우, 또는 피해를 최소화할 수 있는 범위 내에서 가능한 한 빠른 속도로 선진제도를 도입하는 것이었다. 복지의 급속성장을 위해 채택된 방법은 사회보험이었는데, 이는 결국

'강자우대'전략으로 이어졌다. 그런 가운데에서도 한 가지 주목할 사실은 4차계획 기간 말미부터 그동안 소외되었던 취약계층에 대한 관심이 조금씩 나타났다는 것이다. 특히 제 5차계획의 명칭이 '경제사회발전'으로 바뀐 것은 경제와 복지 간에 새로운 균형점을 모색할 필요성이 대두되었음을 보여주는 좋은 증거가 된다. 그럼에도 불구하고 최초의 국가발전 패러다임인 선경제 · 후복지 전략은 흔들림이 없었다. 따라서 이 시기의 명칭은 제도도입기가 적절하다고 생각한다.

3) 제도확대기 (1988~1998)

1987년 6월 민주화항쟁과 12월 대통령선거를 경험한 후 1988년 2월에 출범한 노태우 정부(1988~1993)는 과거 26년간 지속되던 권위주의 국가의 모습에서 조금씩 벗어나 민주주의로의 전환을 모색하기 시작한 정권으로 기록된다. 1988년에는 "지방자치법"이 부활되었고, 1991년에는 기초 및 광역의회 의원선거가 있었다. 이어서 등장한 김영삼 집권기(1993~1998)는 민주화가 한층 더 가속화하는 시기였다. 1995년의 지방자치단체장 선거는 명실상부한 지방자치의 시대를 열었다.

지방자치는 복지문제를 정치적 이슈로 승격시키는 데 한몫 했다. 또한 '경실련'(1989년 설립), '환경운동연합'(1993), '참여연대'(1994) 등의 시민운동단체들이 방방곡곡에서 우후죽순처럼 등장했는데, 이러한 변화 역시 사회복지에 대한 국민인식을 높이는 데 기여했다. 그리고 흔히 '복지국가의 최대 서포터'로 알려진 노동조합운동이 1995년부터 민주노총의 가세로 활성화되기 시작하였다.

이 시기의 사회복지를 논함에 있어 먼저 고려할 사항은 권위주의국가하에서 시행된 5개년계획의 운명이다. 왜냐하면 사회의 전반적 기류가 권위주의에서 민주주의로 전환될 경우, 정부의 강력한 지도에 힘입어 성립 가능했던 계획시스템이 더 이상 유지되기 힘들기 때문이다.

제 6차 경제사회발전 5개년계획(1987~1991)은 1987년 6월항쟁이 일어나기 전인 1987년 1월에 발표되었다. 그리고 1987년 선거를 통해 등장한 노태우 정권하에서도 6차 5개년계획의 위력은 어느 정도 유지될 수 있었다. 6차계획의 핵심은 능률과 형평을 토대로 한 경제선진화와 국민복지의 증진이라는 기본목표에 잘 나와 있다. 이어서 기본전략은 경제사회의 제도발전과 질서의 선진화, 산업구조의 개편과 기술입국의 실현, 지역사회의 균형발전과 국민복지의 증진 등 3가지로 정리되어 있다(대한민국정부, 1986: 32~40). 6차계획을 5차와 비교하면, 기본목표와 전략에서 큰 변화는 보이지 않는다.

그러나 목표와 전략 양쪽 모두에서 '복지'라는 용어가 등장했는데, 그와 같은 전략의 구체적 프로그램은 의료보험의 확대적용(1988년부터 농어촌지역, 1989년부터 도시지역)과 국민연금제도의 시작(1988년부터)으로 뒷받침하는 것으로 되어 있다. 복지에 대한 정부의 입장이 다소간 변화를 보여준 것으로 해석될 수 있는 부분이다. 그러나 경제성장 일변도의 기본이념에는 여전히 흔들림이 없었다.

제도확대기의 주요 사회복지제도들을 보면, 1983년 4월 1일 이후 16인 이상 사업장에만 강제적용하던 의료보험이 1988년 7월 22일부터 5인 이상 사업장까지 확대됨으로써 시작 후 11년 만에 전체직장에 의료보험이 완성되었다. 한편, 지역의료보험은 1988년 1월부터 농어촌에 착수되었고, 이듬해인 1989년 7월에는 도시지역 주민들에까지 적용됨으로써 시작 후 12년 만에 전체 국민의료보험 시대가 열렸다.

산재보험 적용대상 사업장의 규모는 1988년 이후 4년간 변화가 없다가 1992년에 2개 업종(교육서비스업, 보건 및 사회복지사업)을 제외한 모든 업종의 5인 이상 사업장으로 확산되었다. 1973년 입법 이후 15년째 연기되어 오던 국민연금제도가 드디어 1988년 1월부터 상시 10인 이상 사업장에 의무적으로 적용되기 시작하였다. 이후 만 4년이 지난 1992년부터는 5인 이상 사업장으로 확대되었다.

공공부조 부문에서 특이한 사항은 1989년에서 1991년 사이에 공공부조대상자를 위한 영구임대주택 170만 호가 건립되었다는 점이다. 이로서 사회주택(*social housing*)이란 개념이 정부정책으로 자리잡았다. 1991년에는 "영유아보육법"이 새로 제정됨으로써 국가가 드디어 보육에 대해서도 일정 정도 책임지는 시대를 열었다. 그 법이 제정됨에 따라 그때까지 널리 사용되던 '탁아'라는 용어가 '보육'으로 바뀌었다. 그리고 1991년부터 70세 이상 생활보호노인에게 노령수당을 지급하기 시작했는데, 이것은 우리나라에서 행한 최초의 비기여 노령연금으로 기록된다. 기존의 "심신장애자복지법"이 1989년에 "장애인복지법"으로 전면개정되었는데, 이 법에 의해 장애수당의 지급과 자립자금 대여의 법적 근거가 마련되었다.

앞에서 설명된 제도도입기(1962~1987)의 끝자락인 1986년 9월에 재연된 제 2차 '일원화'논쟁은 농어촌지역 의료보험 확대계획과 연계되어 시작되었고, 1989년 3월 9일에 일단락된 것처럼 보였다. 왜냐하면, 그날은 "국민의료보험법"이 국회에서 통과된 날인데, 그 법의 주요골자가 통합일원화였기 때문이다. 그러나 당시 노태우 대통령이 그 법안에 대해 거부권을 행사함으로써 일원화의 실현시기는 다시 한번 연기되고 말았다.

제 7차 경제사회발전 5개년계획(1992~1996)의 준비작업은 1990년 가을에 시작되어 그 결과보고서는 1992년 3월에 발표되었다. 7차계획의 전반적 기조는 이전 6차계획의 연속선상에서 사회복지부문의 내실화를 목표로 하는 등 진일보한 모습을 보여주었다. 국민연금제도를 5~9인 사업장과 농어촌주민들까지 확대하기로 하고, 최초로 고용보험제도 도입을 계획했으며 사회복지 전달체계를 개선하기 위해 사회복지사무소를 신설하고 재가복지서비스를 도입할 계획이었다(대한민국정부, 1992: 124~129). 그러나 1992년의 대통령선거를 앞둔 시점에서 발표된 그 계획의 실효성은 불투명했다.

제 7차계획의 시작년도인 1992년의 마지막 달에 치러진 대통령선거에서 김영삼 후보가 당선됨으로써 이른바 '문민정부'가 출범하였다. 문민정부는 과거 정부를 군사정부로 낙인하면서 이전 정부와 차별화를 시도하였는데, 차별화대상 중에는 5개년계획도 포함되었다. 그리하여 '제 7차 경제사회발전 5개년계획' 대신 '신경제 5개년계획'을 발표함으로써 7차계획은 사문화되고 말았다.

신경제 5개년계획(1993~1997)은 그 이전의 5개년계획과 달리 경제기획원 관료들이 중심이 되어 약 3개월 만에 급조한 것이었다. 그것의 특징은 그 명칭에서 볼 수 있듯이 경제에 대한 강조가 두드러지면서 사회부문이나 복지에 대한 관심이 후퇴했다는 것이다. 계획의 지침서에는 "신경제 100일 계획"이란 제목의 장을 특별히 할애하였는데, 그것의 내용에는 7대 정책과제가 제시되었다(경제기획원, 1993: 26~32). 7대과제는 투자진작과 중소기업 육성 등 주로 경제부문에 집중되었다. 따라서 신경제의 전망부문을 보면(경제기획원, 1993: 21~23), 복지문제를 언급한 부분은 제 4차년도인 1996년에 단 한번 나올 정도로 사회복지에 대한 관심이 저조했음을 알 수 있다. 그럼에도 불구하고 사회복지부문의 계획내용은(대한민국정부, 1993: 323~331) 제 7차 경제사회발전 5개년계획과 대동소이하였다.

문민정부 시절에 나타난 제도상 주요변화를 보면, 1995년 7월부터 농어촌지역 주민들이 국민연금제도의 강제적용 대상자로 포함되었다. 이리하여 당시까지의 사회보험 확대속도를 보면, 늦게 시작한 제도일수록 훨씬 빠르게 진전되고 있음을 알 수 있다. 그 결과 1997년 말 현재, 의료보험은 전체 국민의료보험의 목표를 달성한 바 있고, 산재보험은 5인 미만 사업장에서 그리고 국민연금은 도시지역 자영업계층만이 미적용대상으로 남게 되었다. 고용보험제도(실업급여의 경우)는 최초로 1995년 7월부터 상시노동자 30인 이상 사업장에 의무적으로 적용되기 시작하였다. 1997년 7월에는 "노인복지법"이 전면개정되었는데, 이 개정으로 기존의 노령수당은 경로연금으로 개명되었다. 그러나 경로연금의 실제지급은 국민의 정부시기인 이듬해 1998년 7월부터 시작되었다.

1989년에 노태우 대통령이 거부했던 "국민의료보험법"안에 대한 후속처리는 문민정부 말기에 가서 그 일부분이 실현될 수 있는 계기가 마련되었다. 1997년 12월에는 당시 227개 지역조합과 공·교공단을 통합하는 내용을 골자로 하는 "국민의료보험법"이 공포되었다. 그러나 그 법에 의한 통합에는 직장조합이 제외됨으로써 완전통합의 과제는 다음 정권으로 넘겨졌다.

이상에서 살펴본 바에 의하면, 대한민국의 사회보장제도는 이제 광범위에 걸쳐 확대되었다. 초창기 사회보험 위주의 발전전략은 다소간 변경되어 공공부조 및 취약계층 보호를 겨냥한 관계법들이 수차례의 개정을 거친 것이다. 따라서 사회복지제도 변천사의 제 3기는 문자 그대로 사회복지제도의 확대기라고 표현해도 무방하다. 그럼에도 불구하고 전통적 패러다임인 선경제·후복지의 원칙은 크게 변질되지 않은 가운데 여전히 국가발전의 기본전략으로서 강한 위력을 발휘한다.

4) 복지국가 진입기 (1998～현재)

이 시기는 외환위기가 한창 진행중이던 1997년 대통령선거에서 당선한 김대중 대통령의 이른바 '국민의 정부'와 2002년 선거에서 근소한 차로 당선된 노무현 대통령의 '참여정부'가 활동한 기간이다. 국민의 정부 시절 사회복지제도의 특성을 한마디로 요약한 것이 '생산적 복지'라고(삶의 질 향상 기획단, 2002: 19) 한다면, '참여복지'는 참여정부의 사회복지를 상징하는 단어이다(참여복지기획단, 2004: 2).

생산적 복지는 '중산층과 서민의 생활을 향상시키기 위한 인간개발 중심의 복지'를 의미하는 것이라고 알려져 있다. 그와 같은 의미를 실현시키기 위해 보건복지부는 '제 1차 사회보장발전 5개년계획'(1999～2003)을 작성하였다. 그러나 그 계획은 제 2기시대와 달리 성안과정에서 민간부문과의 협동이나 정부부처간 협의가 없었기 때문에 계획의 존재가 널리 알려지지도 않았고 실행의 강제성도 미약하였다.

사회복지 변천사 제 4기(1998～2002)에 등장한 가장 획기적 변화는 "국민기초생활보장법"의 제정이다. 광복 이전인 1944년 3월 1일에 조선총독부가 공포했던 조선구호령이 1962년부터 "생활보호법"으로 개명되어 실시되었고, 무려 22년이 지난 1984년에 가서야 시행규칙을 갖게 되었던 동법이었지만, 현대적 의미의 공공부조제도로 인정받기에는 여전히 부족하였다. 특히 1997년의 경제위기에 대처할 수 있는 안전망기능을 하기엔 역부족이라는 사실이 드러났다. 그 결과 기존의 약점을 보완함으로써 한 단계 업그레이드된(김기원, 2000: 203～221) 제도가 등장했는데 그것이 "국민기초생활보장법"이다.

"국민기초생활보장법"이 실시됨에 따라 기존의 의료보호제도도 현대화될 필요가 발생했기 때문에, "의료급여법"에 따라 2001년 10월부터는 의료보호가 의료급여로 개명되었다. 필자는 "국민기초생활보장법"의 실시날짜인 2000년 10월 1일을 우리나라가 광복 55년 만에 복지국가에 진입한 날로 잡는다. 그리하여 우리나라 사회복지 변천사 제 4기를 복지국가 진입기라고 명명했던 것이다. 우리나라가 과연 복지국가인가에 대한 질문을 놓고 설왕설래할 수 있지만, 보다 자세한 논의는 이 글의 제 4절에서 다루기로 한다.

국민연금제도는 1999년 4월 1일을 기해 도시지역 자영업자들에게 확대됨으로써 제도시행 11년 만에 전체 국민연금시대를 열었다. 1997년 경제위기로 대량실업이 발생한 이후 고용보험의 적용범위는 초고속으로 확대되었다. 1998년 1월을 기해 적용범위가 30인 이상에서 10인 이상 사업장으로, 3월부터는 5인 이상으로, 10월부터 1인 이상 사업장으로 확대함으로써 시작 후 불과 3년 3개월 만에 전 사업장 고용보험 시대로 진입하였다. 확대속도가 다른 어느 보험제도보다 더 빨랐다. 사회복지서비스 부문을 보면, 장애인복지법이 1999년에 전면개정됨으로써 중증장애인 보호에 대한 법적 근거를 확보하였다. 아동복지법은 2000년 1월 12일에 전면개정됨으로써 취약계층에 대한 국가책임 증대에 속도가 붙기 시작했음을 알 수 있다.

문민정부 말기에 제정된 "국민의료보험법"에 따라 1998년 10월에는 통합 관리기구인 '국민의료보험공단'이 업무를 개시하였다. 이어 1999년 1월 6일에는 당시 존재하던 142개 직장조합을 포함하는 완전 통합 일원화 법안인 "국민건강보험법"이 국회를 통과하였다. 그 법에 따라 2000년 7월부터 기존의 의료보험제도는 국민건강보험제도로 명칭이 변경되었다. 그러나 재정통합은 국민의 정부시절에 못하고 연기되어 참여정부 집권기인 2003년 7월부터 발효되었다. 이로서 1977년에 조합방식으로 시작한 의료보험제도는 26년 만에 관리운영체계가 통합 일원화됨으로써 단일보험자체계로 전환되었다.

참여정부의 노 대통령은 2002년 대통령선거를 앞두고 '참여복지'라는 신조어를 사용하기 시작하였는데, 그것에 관한 보다 체계적인 해설서는 취임 후 1년이 지나서야 선을 보였다. '참여복지 5개년계획(2004~2008)'이라는 제목의 책자를 보면, 참여복지는 국민의 정부가 표방했던 생산적 복지(책자에서는 제1차 사회보장발전 5개년계획이라고 표현)를 한 단계 업그레이드하려는 의도가 역력히 나타난다(참여복지기획단, 2004: 2~5).

지난 3년간 참여정부하에서 일어난 사회보장부문 관련 제도적 변화를 살펴보면, 한마디로 제도차원의 변화가 눈에 띄지 않았다는 것이다. 재정안정화를 위한 국민연금법 개정을 위해 정부는 2003년부터 세 차례에 걸쳐 개정법안을 국회에 제출했지만, 아직 입법화에는 성공하지 못했다. "노인수발보험법(안)"을 2006년 2월 7일자로 국회에 제출한 것이 그나마 신제도 도입차원에서 눈에 띌 정도이다. 제도차원이 아닌, 복지재정 차원에서는 업적이라 평가될 수 있는 부분이 있다. 〈표 3-6〉에서 볼 수 있듯이 2003년 이후 연속 2년간 복지예산의 증가 폭이 전체 정부예산의 증가 폭을 상회한다. 이는 기존제도의 성숙에 따른 자연증가분의 영향으로 해석할 수 있는 부분이 있지만, 사회복지의 양적 확대가 아닌 질적 확대로의 목표변경의 신호탄으로 볼 수도 있다.

이상에서 설명한 사회복지제도 변천 제4기(1998~현재)의 획기적 사건은 역시 우리나라의 복지국가 진입이다. 사회복지의 제도적 측면에서만 볼 때, 2000년 이후 시기에 현저한 변화가 드러나지 않는 이유 중의 하나는 우리나라도 이제 외형적 복지국가로 진입했기 때문이라고 생각한다. 따라서 이 시기의 명칭을 복지국가 진입기라고 정하는 것은 적절하다고 판단된다. 그러나 내실화의 문제 즉 복지국가의 질적 개선은 여전히 과제로 남아 있다.

지난 60년간의 사회복지제도 변천을 역사적으로 고찰한 지금까지의 내용을 정리해보면, 다음과 같은 3가지 소결론이 도출될 수 있다. 첫째, 사회복지 역사를 시대별특성에 따라 분류하면, 크게 네 종류의 시대가 있다. 둘째, 제1기(외국원조 의존기)를 제외한 나머지 45년간, 정권의 변화에도 불구하고 줄기차게 이어진 전통은 사회복지제도를 계획적으로 발전시킨다는 '단계적 발전론'이었다. 셋째, 단계적 발전론을 지배했던 패러다임은 사회보험제도의 압축성장 전략 또는 '강자우대' 전략이었고 대한민국은 그 전략의 거대한 실험장이었다.

〈표 3-6〉 문민정부 이후 복지예산 증가 폭의 변화 추이
(정부예산 증가 폭 대비 사회복지 예산증가 폭)

(단위: 백만 원)

연 도	정부예산	전년대비 증가율(%)	복지예산[1]	전년대비 증가율(%)	복지/정부 (%)
1993	38,050,000	13.6	1,655,177	7.0	4.35
1994	43,250,000	13.7	1,771,859	7.0	4.10
1995	51,881,113	20.0	1,983,896	12.0	3.82
1996	58,822,835	13.4	2,370,744	19.5	4.03
1997	67,578,600	14.9	2,851,166	20.3	4.22
1998	75,582,900	11.8	3,112,726	9.2	4.12
1999	83,685,123	10.7	4,161,109	33.7	4.97
2000	88,736,307	6.0	5,310,021	27.6	5.98
2001	99,180,065	11.8	7,458,139	40.5	7.52
2002	109,629,790	10.5	7,749,477	3.9	7.07
2003	118,132,320	7.8	8,502,212	9.7	7.20
2004	118,356,045	0.2	9,134,584	7.4	7.72

주: 1) 연도별 보건복지부 일반회계 세출예산을 기준으로 작성되었음.
자료: 보건복지부, 2004: 11.

3. 한국형 사회복지의 패러다임

필자는 머리말에서 패러다임을 사회복지의 개념 및 목표, 복지제도의 디자인 및 관리 그리고 실천재원의 마련 등을 규정하는 최상의 원리 또는 논리라고 정의한 바 있다. 이제 3절의 핵심질문은 한국형 사회복지의 패러다임이란 것이 존재했는가? 그리고 존재했다면, 어떻게 정의될 수 있는가? 라는 두 가지 내용으로 집약된다.

제 2절의 고찰을 통해 우리는 우리의 사회복지제도가 우연의 변화를 거친 것이 아니라 사전에 치밀하게 짜여진 계획에 따라 인위적 변화의 길을 걸었음을 알게 되었다. 모든 결과가 사전에 계획되었다고 주장할

수는 없지만, 계획은 일정한 원리와 원칙하에 입안되고 집행된다. 따라서 5개년계획이 지속되었다는 사실만으로도 우리는 패러다임의 존재 가능성을 확인할 수 있다. 남은 일은 그러한 패러다임의 내용을 정리하는 것인데, 정리에 들어가기 전에 먼저 정리방법을 선택해야 한다.

이 글은 사회복지 패러다임의 실체를 파악하는 방법으로서 집단이론(*the group theory*)을 활용하기로 하였다. 집단이론은 원래 정책과정론의 하나로 개발된 것으로서 정책과정에 참여하는 집단들의 상대적 영향력을 파악하는 강점을 가진다(Richardson and Jordan, 1979). 따라서 이를 활용하면, 5개년계획 과정에 깊숙이 참여해 중대한 결정력을 행사했던 사람들 또는 그들의 집단을 찾아낼 수 있게 된다. 뿐만 아니라 그 사람들이 내세웠던 주장의 내용들을 파악하기도 쉬워진다.

제 2절에서 소개된 사회복지제도 변천사의 네 시기 중 제 2기는 경제의 고도성장이 일어났던 시기와 일치될 뿐 아니라 5개년계획의 기본틀이 완성되었던 시기이기도 하다. 이는 우리나라 사회복지제도의 계획이 경제개발 5개년계획의 변천과 궤를 같이 했음을 의미한다. 사회복지제도의 발전과 경제성장 간의 상관관계가 높다는 사실은 여러 학자들에 의해 검증된 바 있다(Wilensky, 1975 ; Cameron, 1978 ; 김태성 외, 2004: 132~133 재인용).

제 5차 5개년계획이 종료되기까지 26년간의 사회복지제도 변천사에서 일관되게 관철되었던 최고의 원칙은 '성장제일주의'라는 것이었다. 이는 국가자원의 활용 및 배분에 있어 경제성장에 직접적으로 기여하지 않거나 그 성과가 즉각 반영되지 않는 부문에 대한 투자는 우선순위에서 밀려난다는 뜻이다. 따라서 사회복지는 재정투자 부문에서 당연히 후순위를 차지할 수밖에 없었다.

손준규의 진술에 의하면(1983: 56~57), "1963년 후반기의 최고회의 당국자들은 경제개발이외의 문제, 특히 사회보장정책에 대해서는 다소 소극적 입장을 취했다"고 한다. 따라서 성장을 위해 사회복지는 가능한 한 억제하거나 연기했어야 하고, 불가피하게 실시할 경우에는 정부재정의 부담을 제로로 하거나 하더라도 최소화(예컨대, 제도의 관리운영비만 부담)시켜야 한다는 원칙이 만들어졌다. 그것이 이른바 '재정중립의 원칙'이다.

재정중립의 원칙을 적나라하게 보여주는 다음과 같은 두 가지 자료가 있다. "의료보험법" 개정을 위한 1975년도 정기국회 논의과정에서, 당시 국회 보사위원회 위원장은 "선진국은 세금을 받아 가지고 하므로 우리와는 근본적으로 다르다. 우리나라는 의료보험법을 잘 만들어서 기업가도 돈을 내고 보험가입자도 내므로 재정부담 걱정이 없으므로 경제기획원 장관한테도 충분히 설명해서 좀 확대하자"(국회보건사회위원회회의록, 1975. 9. 2, 손준규, 1983: 141 재인용) 라고 발언한 것이다. 이어 1976년 대통령 연두순시 때 보사부장관이 "이제 우리도 의료보험을 실시할 단계입니다"라고 제안하자 대통령은 "영국병같이 될까 걱정입니다"라고 대꾸했는데, 국회보사위 위원장이 "…… 산재보험같이 …… 의료보험도 기업자 · 근로자가 반반씩 부담하고 정부는 행정비만 지원하므로 영국같이 세금으로 운영하는 것은 오해입니다"(손준규, 1983: 142) 라고 설득했다고 한다. 이상 두 개의 사례에서 공통적으로 등장한 것이 재정중립의 원칙이었다.

재정중립과 함께 또 하나의 원칙이 적용되었는데, 그것은 사회복지제도의 압축성장이다. 이는 경제개발의 압축성장과 같은 맥락에서 나온 것으로서 사회복지도 할 수만 있다면 최단시일 내에 선진국수준으로 도약해야 한다는 의미이다. 재정중립과 압축성장을 합치면, 정부부담의 압박이 없다는 조건하에서 외국의 선진복지제도를 최대한 빠른 시일 내에 구축한다는 중간수준의 원칙이 도출된다. 그것은 '조국근대화' 또는 '선진조국'이라는 정치구호에서 시사하는 이른바 압축성장의 논리와도 일맥상통한다.

이상과 같은 배경에서 나온 사회복지의 패러다임은 〈그림 3-1〉과 같이 최상위에 선경제 · 후복지 원칙이 그리고 중위에는 재정중립과 압축성장의 원칙이 포진하였으며 맨 아래에는 사회보험의 중시, 사회보험의 통합일원화 관리, 취약계층 보호의 연기 등 3가지 원칙이 자리하였다.

최하위에 있는 세 가지 원칙에 대한 설명은 다음에 나오는 사회보장심의위원회(사보심)와 연관해서 계속하기로 한다. 왜냐하면, 사보심은 사회복지 패러다임을 형성함에 있어 핵심역할을 했던 정책참여자였다.

〈그림 3-1〉 사회복지 패러다임

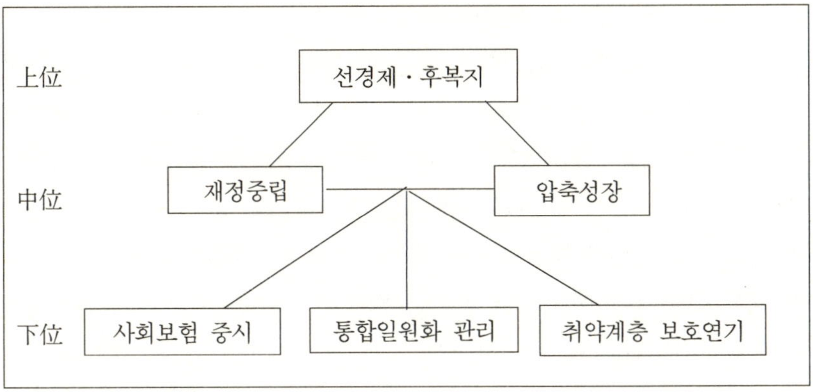

따라서 그들의 활약상을 보면, 최하위수준의 원리를 찾아낼 수 있기 때문이다.

손준규(1983: 52), 최천송(1991: 10) 그리고 노동부(2004: 16~18)에 의하면, 국가재건최고회의가 작동하던 1962년 3월 20일에 "사회보장제도심의위원회 규정"이 제정된 바 있다. 사보심 출범에 일등공신이었던 일단의 전문가들은 제 1공화국 말기부터 2공화국 시절을 거쳐 국가재건최고회의 시절까지 줄곧 자발적으로 사회보장을 연구하면서 관련 제도의 도입을 줄기차게 주장했던 사람들이다. 사보심의 발족은 그들의 비공식적 활동을 국가차원의 공식적 성격으로 상승시켰다. 뿐만 아니라 그들의 주장이 국가재건최고회의에 의해 받아들여졌다는 역사적 의미도 지닌다.

5 · 16군사정변 직후 국가재건최고회의 시절, 사보심은 최고회의 의장의 사회보장에 대한 이해를 얻는 데 성공하였다. 그리하여 1962년 7월에는 "사회보장제도를 확립하라"는 의장의 지시각서가 내각수반에게 전달되는 후속조치가 내려졌다고 한다.

초창기 사보심은 산업재해보상보험제도, 의료보험제도, 노령자연금제도 그리고 공적부조의 연구에 착수하였다. 그리고 그 결과는 이 글 제 2절에서 고찰했듯이, 4대 사회보험(산재보험, 의료보험, 국민연금, 고용보험) 중 고용보험을 제외한 세 가지 제도도입이 제 2기인 제도도입기에 이루어진 것으로 나타났다.

당시 우리나라 사회보장제도 연구의 핵심기관이었던 사보심은 사회보장의 방법들 중에서 자신들이 잘 알고 있던 사회보험방식이 성장제일주의와 재정중립의 원칙에 비교적 잘 부합된다고 판단했던 것 같다. 왜냐하면, 사회보장의 오랜 전통이었던 사회부조는 그것의 재원조달을 전적으로 정부의 일반회계에 의존하는 반면, 사회보험은 그렇지 않기 때문이다. 더욱이 사회보험은 복지국가의 근간을 이루는 제도였기 때문에 선진국과 달리 사회부조보다 사회보험제도를 먼저 구축하는 것이 압축성장 전략의 수행에도 유리한 것처럼 보였던 것으로 추측된다. 그리하여 사회보험의 중시는 앞에 나왔던 〈그림 3-1〉의 최하위 첫 번째 원칙으로 자리하였다.

최하위 두 번째 원칙은 사회보험의 일원화였는데, 이는 사회보험의 관리운영체계와 연관된 것이다. 1963년 “산재보험법”의 입법과정을 보면, 여러 가지 관리운영체계에 관해 고민했던 흔적이 역력하다. 국가가 직접 관장하는 경우 외에 민간보험을 이용하는 경우와 민간보험공사를 설립하는 방안이 고려되었다(노동부, 2004: 23~24). 그리고 그 결과는 정부가 직접 관장하는 것으로 낙착되었는데, 주요 이유는 안전대책과의 연계 필요성과 사회보험의 시범적 성격이란 것이었다.

산재보험법의 제정 이후 13년이 지났을 무렵인 1976년의 “의료보험법” 제정의 경우에는 사정이 정반대로 바뀌었다. 의료보험의 관리운영체계가 정부의 직접관리가 아닌 조합방식으로 낙착되었던 것이다. 최천송과 손준규는 그러한 변화의 원인을 관료집단의 전문성부족, 일본제도 모방, 지도층인사들의 사회보험과 사보험의 혼동현상에서 찾는다(최천송, 1991: 63~64; 손준규, 1983: 144, 152~153). 결국 사보심의 생각과는 반대방향으로 출발한 의료보험의 조합주의는 제 2절에서 소개된 통합일원화 논쟁의 불씨가 되었던 것이다. 통합일원화는 긴 여정을 거쳐 2003년에야 완성되었지만, 사회보험 관리의 일원화원칙이 얼마나 집요하게 작동되었는가를 잘 말해준다.

최하위 세 번째 원칙은 취약계층 보호의 연기이다. 이는 상위의 선경제·후복지 원칙과 중위의 재정중립 및 압축성장의 원칙을 고려하면 당연한 논리적 귀결이다. 다시 말하자면, 사회정의나 인도주의를 도외시하면서 오로지 경제성장과 수출확대에 전력투구하겠다는 시대적 정신을 반영한 것이다. 절대빈곤이 만연하고 국가의 자립경제력이 바닥상태에 있는 경우에는 한시적으로 선택할 수 있는 전략이라 생각한다. 왜냐하면, 그렇지 않을 경우 국민 모두가 아사에 이르게 될 뿐 아니라 국가의 성장잠재력을 형성할 수 없기 때문이다.

4. 사회복지 패러다임의 성공과 실패 그리고 그 원인

앞서 제 3절에서 확인된 우리의 기존 패러다임이 지금도 그리고 앞으로도 통할 수 있는지 아니면 통할 수 없는지를 점검해야 한다. 이러한 작업의 첫걸음은 기존 패러다임의 성과와 실패를 분석하는 것이다.

1) 패러다임의 성과

필자는 제 2절에서 우리나라는 2000년 10월 1일을 계기로 복지국가가 되었다고 주장하면서 구체적 설명은 뒤로 미루어 놓았다. 이제 그 설명시점이 왔다. 이 글에서는 필자가 1987년에 제시한 바 있는 복지국가의 네 가지 실천요강(김상균, 1987: 57~61)을 중심으로 복지국가 진입여부를 따져본다.

첫 번째 조건은 평화보장이 가능한 안보체계의 확립이다. 한국전쟁이 1953년에 휴전되었지만 평화체계의 확립은 아직 숙제로 남아 있다. 그럼에도 불구하고 남북한간의 긴장관계는 1998년의 금강산관광을 시발로 2000년 6월 15일의 남북정상회담, 남북한도로 및 철도의 연결공사 착수, 개성공단 조성 및 가동, 정부 및 민간차원의 협력과 교류 등 여러 방면에서 해빙무드로 급전되었다. 이상과 같은 일련의 사태추이를 주시하는 필자는 한반도 평화정착의 분위기가 일시적 상황이 아니라는 느낌을 받는데, 그러한 평가를 가능하게 하는 결정적 계기는

2000년의 남북정상회담이라고 본다.

두 번째 복지국가의 조건은 국가경제력의 대표지표인 1인당 GDP가 1만 달러를 넘어야 한다는 것이다. 우리의 경우 1995년에 1만 823달러로 처음 1만 달러 관문을 통과하였다. 그러나 1997년 11월의 외환위기 이후 1998년에는 1만 달러 이하로 곤두박질치고 말았다. 다시 1만 달러 선으로 회복한 것이 2000년이며 2005년에는 1만 6천 741달러를 기록했지만, 지난 11년 동안 1~2만 달러 구역을 벗어나지 못하는 실정이다. 이상과 같은 변화를 본다면, 우리의 국가경쟁력은 2000년을 경계로 해서 복지국가 문턱을 넘어 섰다고 판단된다.

세 번째 조건은 민주주의 정치체계이다. 진정한 민주주의의 시금석은 선거를 통한 야당의 집권여부이다. 우리나라에서 최초로 선거혁명이 일어난 것은 1997년 12월의 대통령선거이다. 민주주의 여부를 판단하는 또 다른 척도에는 미국의 민간 인권기구인 프리덤하우스(Freedom House)가 매년 세계 각국을 대상으로 자유수준을 점검하고 그 결과를 점수화한 것이 있다. 그것에 의하면, 2005년에 우리나라는 1.5점을 받았는데, 192개 나라 중 대략 47등에 해당한다(www.freedomhouse.org). 이와 같이 우리의 민주주의는 1993년 이후 급속하게 발전했는데, 필자는 선거혁명에 연이어 국민의 정부가 출범한 1998년을 민주주의 진입시점으로 본다.

네 번째 복지국가의 조건은 복지권에 기초한 사회부조의 실시와 GDP 10%의 사회복지 지출이다. 이 글의 제2절에서 소개된 바와 같이 1944년 이래 56년간이나 존재했던 생활보호제도가 2000년 10월 1일을 기해 공식적으로 폐지되었다. 생활보호가 시혜적 성격을 가졌던 반면, 국민기초생활보장은 수급자의 권리적 청구권을 인정한 것이다. 그 결과 사회부조 예산을 현저하게 증대시켰기 때문에 그와 같은 변화는 큰 의의가 있는 것이다. 한편, GDP 대비 사회복지 지출은 OECD 국가들이 국민소득 1만 달러 시절에 평균 12%대를 기록했지만, 우리는 2001년에 8.7%로서 아직 부족하다(박순일 외, 2004: 55). 사회복지 지출 측면에서는 아직 복지국가 수준에 미치지 못했다.

이상의 네 가지 조건을 분석한 결과, 각각의 조건을 최초로 충족한 연도는 들쭉날쭉해 일관성을 보여주지 못했다. 고민하던 끝에 필자는 마지막 조건인 복지권의 인정시기를 우리나라 복지국가의 진입시기로 결정하였다. 그와 같은 결정을 내림에 있어 영국의 사례를 참조했다. 영국은 1945년 7월 5일을 세계 최초의 복지국가로 선언하였는데, 그 날은 400여 년에 걸쳐 실시해오던 빈민통제법(*poor laws*)을 폐지하고 현대식 사회부조제도를 도입한 날이었다.

지금까지 살펴본 복지국가 논의는 이 글의 서론에서 언급한 바 있는 숲을 조망하는 방법 즉, 총체적 분석이라고 말할 수 있다. 총체적 분석에 이어 다음에는 나무를 보는 방법 즉, 특정부분에 대한 논의를 시도한다. 필자는 4대 사회보험의 각 개별제도가 시작된 이후 그 대상자(산재보험의 경우에는 사업장)를 더 이상 포괄할 수 없을 정도까지 최대로 확대하는 데 걸린 기간을 보기로 했다. 이는 제 3절에서 소개한 중위수준의 패러다임인 재정중립과 압축성장의 효과가 가장 잘 드러날 수 있는 부분이라고 생각했기 때문이다.

〈표 3-7〉은 유럽 선진 복지국가의 4대 사회보험 각각의 시작연도와 최대 확장연도를 정리한 것인데, 우리나라와 비교할 수 있게 작성했다. 먼저 산재보험을 보면, 우리나라는 시작한 지 34년이 지나면서 최대로 확장되었다. 반면, 유럽의 경우에는 대략 50~70년 정도 소요되었다. 우리의 확대속도가 2배 가까이 빨랐던 것이다. 의료보험의 경우에는 우리가 12년 걸렸는데, 유럽에서는 30~90년 정도로서 우리가 3~7배 정도 빨랐다. 국민연금은 우리가 11년인 데 반해 유럽은 30~80년으로 역시 우리의 속도가 그들보다 3~7배나 빨랐다. 끝으로 고용보험의 경우는 더 급속했다. 우리가 3년이었는데, 그들은 40~60년 가까이 소비하였다.

이상에서 고찰한 바대로 현대적 사회복지제도의 대표주자로 알려진 4대 사회보험의 확장에 소요된 기간을 비교하면, 전 부문에서 우리는 유럽의 주요선진국들에 비해 상대적으로 짧은 기간을 기록한 셈이다. 더욱이 제도의 도입순서가 산재보험에서 고용보험으로 오면서, 늦게 도입된 제도일수록 외국과의 기간격차를 더 벌려 놓았음을 알 수 있다. 이와 같은 결과는 압축성장 전략의 결과라고 말할 수 있다.

〈표 3-7〉 4대 사회보험의 시작년도와 확장년도 국가간 비교

	산재보험					
국 가	프랑스	독 일	이탈리아	스웨덴	영 국	한 국
시작년도	1898	1884	1898	1901	1906	1964
확장년도	1970	1955	1960	1955	1960	1998
완성기간	72	71	62	54	54	34
	의료보험					
시작년도	1930	1883	1886	1891	1911	1977
확장년도	1974	1972	1978	1946	1948	1989
완성기간	44	89	80	64	37	12
	국민연금					
시작년도	1910	1889	1919	1913	1908	1988
확장년도	1965	1970	1965	1945	1945	1999
완성기간	55	81	46	32	37	11
	고용보험					
시작년도	1914	1927	1919	1934	1911	1995
확장년도	1960	1970	1970	1970	1950	1998
완성기간	54	57	51	44	41	3

자료: 1) 의료보험은 European Observatory on Health Systems and Politics, "Health Care Systems in Transition"(www. euro. who. int/observatory).

2) 나머지 3대보험은 Peter Flora et al. (ed.), *The Development of Welfare States in Europe and America*(1984, 2nd ed.), pp. 59, 74~77.

2) 패러다임의 허점

이상의 성과논의를 통해 우리는 사회복지 패러다임이 나름대로의 실적을 올린 사실을 확인할 수 있었다. 지금부터는 정반대로 실패한 부분을 집어내보고자 한다.

만약 사회보험의 법적 가입대상자가 이유 여하를 막론하고 보험료를 내지 않는다면, 그 제도는 지속할 수 없다. 따라서 사회보험을 전체대상자에게 확대했어도 사각지대가 존재한다든가 보험료 징수율이 떨어지면, 사회보험을 통한 사회보장제도 발전의 전략은 허점을 드러낸 것으로 해석할 수 있다.

〈표 3-8〉은 국민연금의 사각지대가 어느 정도의 규모인가를 보여준다. 2004년 5월 말 현재 지역가입자의 최저 25.9% 내지 최고 31.4%가 사회안전망에서 누락된 것으로 추정되었다. 산재보험의 경우, 보험료 수납률(수납액/징수결정액 × 100)은 1995년 이후 대략 82~85% 선에서 맴도는 것으로 집계되었기(노동부, 2004: 653) 때문에. 최소한 15%의 사각지대가 형성되었다고 추정된다. 고용보험의 수납률은 2001년 이후 2003년까지 대략 91%대를 유지하였다(노동부, 《고용보험백서》, 2003 ; 2004). 건강보험의 징수율은 대략 98%에 이르기 때문에 타제도에 비해 양호한 편이다. 이상의 자료는 사회보험중심의 압축성장 전략이 양적 성장에서 성공한 반면, 질적 측면에서는 만족스러운 결과를 얻지 못했음을 보여주는 증거이다.

두 번째 문제는 사회보험 관리운영의 통합일원화가 야기한 문제점이다. 사회보험의 보험료는 소득에 일정비율로 연동시키기 때문에 정확한 소득파악은 사회보험 성립의 전제조건이다. 우리나라 사회보험이 직장을 우선대상으로 먼저 시작한 이후 농어촌지역 및 도시지역 주민에까지 확대되는 과정에서, 피보험자가 피용자로만 구성되었던 초기에는 형평성논란이 없었다. 그러나 소득이 잘 노출되지 않는 지역의 주민 즉, 자영업자들이 피용자들과 뒤섞이면서 형평성이슈는 우리나라 사회보험의 아킬레스건이 되고 말았다. 〈표 3-9〉는 국민연금 가입자들의 평균소득을 피용자와 자영자로 구분해서 정리한 것이다. 이에 따르면, 피용자들이 자영업자들을 의심하는 도덕적 해이를 어느 정도 확인할 수 있다. 자영업자 평균소득의 증가 폭이 피용자의 그것보다 훨씬 낮게 기록되었기 때문이다.

세 번째 약점은 취약계층 보호가 미약했다는 것이다. 사회보장제도의 제일목적은 사회적 욕구(*social needs*) 해결을 국가가 책임진다는 것인데, 가장 어려운 사람들을 뒤로 미룬 채 형편이 상대적으로 나은 근로계층부터 보호했다는 것은 패러다임의 허점임에 틀림없다. 그러한 허점의 결과는 취약계층의 빈곤과 소득불평등의 심화로 이어진다. 1997년 경제위기 전후의 빈곤실태를 비교연구한 구인회에 의하면(2004: 72~73), 위기 이후의 전체빈곤율이 급격하게 악화된 것으로 나타났지만 특히 아동과 노인집단에서 상대적으로 더 나빠진 것으로 분석되었다.

〈표 3-8〉 사각지대 규모추정
(2004년 5월 말 현재 지역가입자 984만 명 대상)(국민연금관리공단)

납부예외율 30% 징수율 85% 가정[1)]	납부예외율 40% 징수율 80% 가정[1)]	납부예외율 48%, 징수율 75%(현행 유지) 가정
25.9%(255만 명)	29.3%(288만 명)	31.4%(309만 명)

1) 2030년까지 납부예외율과 징수율이 서서히 향상된 후 그 상태유지

〈표 3-9〉 국민연금 가입자 중 피용자와 자영자의 평균소득월액 증가율

	피용자 평균	증가율(%) (A)	자영자 평균	증가율(%) (B)	A-B
1995.12	1,052,602	—	577,126	—	—
1998.12	1,479,490	40.6	635,310	10.1	30.5
1999.04	1,439,751	-2.7	785,159	23.6	-26.3
1999.12	1,386,138	-3.7	878,405	11.9	-15.6
2000.12	1,476,687	6.5	920,109	4.7	1.8
2001.12	1,607,129	8.8	960,552	4.4	4.4
2002.12	1,685,479	4.9	1,010,098	5.2	-0.3
2003.12	1,769,132	5.0	1,050,021	4.0	1.0
2004.12	1,816,554	2.7	1,058,575	0.8	1.9
2005.05	1,898,501	4.5	1,066,903	0.8	3.7

자료: 국민연금관리공단 데이터베이스(피용자: 사업장가입자, 자영자: 지역가입자).

3) 성공과 실패의 원인

앞에서 살펴본 성과와 문제점들은 하나의 원천에서 나온 상반된 결과라는 것이 필자의 주장인데, 그 원천은 다름 아닌 지난 45년간의 사회복지패러다임이다. 특히 '사회보험 중시'의 패러다임에 대한 과도한 집착이 문제였다. 사회보장의 방법에는 사회보험 외에 사회부조와 사회적 서비스가 있었음에도 불구하고, 우리는 사회보험에만, 그것도 너무 오랜 기간 매달렸다는 것이다.

서양에서는 사회보험에 앞서 사회부조제도의 확장을 통해 극빈자를 우선적으로 돌보았기 때문에 국가복지에 대한 신뢰가 국민정서 속에 깊이 뿌리를 내릴 수 있었다. 그러나 우리의 사정은 그렇지 못했다. 사회부조 경시와 취약계층 보호연기의 원칙은 단기적으로 국고부담의 경감이라는 소득을 얻을 수 있었다. 그러나 그것은 국민들로 하여금 국가가 빈곤자들을 돌보지 않는다거나 사회복지제도는 이름만 복지이지 실제는 그렇지 않다는 잘못된 인식을 심어줌으로써 장기적으로는 국가불신이라는 손실을 발생시켰다.

사회보험과 사회부조 사이에 유기적 관계가 존재해야 하는 당위성에 대해 정경배는 일찍이 "… 각국의 생활보호사업을 포함한 기초소득보장체계를 연구하여 연금제도와 여타의 소득보장체계 간의 관계에 대한 일정한 원리를 찾고…" 라고 제안한 바 있다(한국인구보건연구원, 1989: 3) 그러나 전체 사회보장제도의 유기적 체계는 차치하고 4대 사회보험의 연계조차 형성되지 않은 것이 오늘의 현실이다.

사회보험이 성립하려면 경제활동인구 중에서 피용자가 차지하는 비율이 상당히 높아야 하고 동시에 자영업자에 대한 소득파악률이 높아야 한다(김상균, 1983: 10~11). 사정이 그러했음에도 불구하고 사회보험의 확대양상은 양적 측면에 치우쳤고 질적 측면의 조건들을 향상시키는 데는 소홀했던 것이다.

자영업자 소득파악의 어려움은 국민연금에 대한 국민불신을 유발하는 한 원인이었지만, 건강보험의 경우에는 '일원화'논쟁과도 연계되어 있다. 조합주의방식의 단점으로는 조합별 재정격차로 인한 국고지원 및 조합간 재정이전의 부담증가, 조합간 서비스격차의 확대, 관리비용의 과다 등이 지적되었다(삶의 질 향상 기획단, 2002: 94~95). 그러나 통합방식의 약점이 없는 것도 아니다. 자영업자들의 도덕적 해이 문제가 바로 그것이다.

4) 패러다임의 허점과 역동적 균형의 붕괴

이 글의 서론에서 정의된 바와 같이, 역동적 균형이란 개념은 복지의 외생적(*exogenous*) 차원과 내생적(*endogenous*) 차원 모두에 걸쳐 사용되며, 대비되는 두개 이상의 개별요소간에 시너지효과가 유지되는 상태를 말한다.

필자는 역동적 균형이 깨졌을 때 나타나는 대표적 증상은 사회적 진화가 멈추거나 후퇴하는 것이라고 생각한다. 그렇다면 앞에서 고찰한 사회복지 패러다임의 역기능이 어떤 부정적 증상으로 나타났는가를 분석할 필요가 있다. 그러한 분석을 위해 먼저 제시하는 것이 〈표 3-10〉에 나오는 복지국가의 진화단계이다. 제 1단계는 복지국가가 되기 이전 상태로서 경제의 기초를 구축하여 국내의 금융자본을 형성하는 것이 급선무이다. 제 2단계는 1인당 국민소득이 1~2만 달러에 이르고 복지국가 대열에 진입한 상태이지만 성숙도는 아직 부족하다. 이 시기의 주요 과제는 복지의 기초를 구축하여 인적자본과 사회적 자본을 형성하는 것이다. 마지막 3단계는 복지국가의 성숙기인데 이 학술포럼의 핵심단어인 선진한국의 목표가 이에 해당된다.

이상의 〈표 3-10〉에 견주어볼 때, 우리는 1995년 처음으로 제 2단계에 진입했지만 1997년 외환위기에 의해 후퇴했다가 2000년에 재진입하였다. 결국 3단계의 성숙복지국가 또는 선진한국으로의 진입노력은 오늘까지 11년간 지속되지만 미래전망은 그리 밝지 않다. 이유는 도약에 필요한 인적자본과 사회적 자본이 불충분하기 때문이다. 이는 역동적 균형이 자기자리를 잡지 못했다는 증거이다.

역동적 균형이 무너졌을 때 나타나는 사회적 사건이나 복지현상들을 몇 가지만 수집해보면 다음과 같다. 1998년 1월 15일에 발족된 노사정위원회는 8년의 세월이 흘렀지만 정착되지 못한 채 존재여부마저 불안한 상태에 있다. 2004년과 2005년도 경제성장의 추세를 보면, 실질성장률이 잠재성장률 아래로 떨어졌고 장기전망도 밝지 못하다. 〈그림 3-2〉가 보여주듯이, 1995년 이후 10년 기간 중 일곱 번이나 복지예산의 증가 폭이 정부예산의 증가 폭을 상회할 정도로 복지투자를 늘렸음에도 불구하고 대상효율(*target efficiency*)은 낮은 것으로 평가된다.

필자의 역동적 균형에 대한 미래예측은 그 정도로 하고 지금부터는 과거역사에 대한 반추를 시도해본다. 우리는 1979년에 대통령 시해사

〈표 3-10〉 복지국가의 진화단계

	전복지국가	미성숙 복지국가	성숙 복지국가
국민소득	1만 달러 미만	1만~2만 달러 미만	2만 달러 이상
경제/ 복지관계	경제지원은 최대로 확대 복지는 최소로 억제	복지기초(fundamental) 완성 후 경제개혁 착수	경제와 복지의 선순환
자본형성	국내금융자본	인적자본+사회적 자본	인적자본+사회적 자본
정책이슈	경제기초 구축	복지기초 구축	시너지 창출

〈그림 3-2〉 문민정부 이후 정부예산 대비 복지예산의 증가율(%)

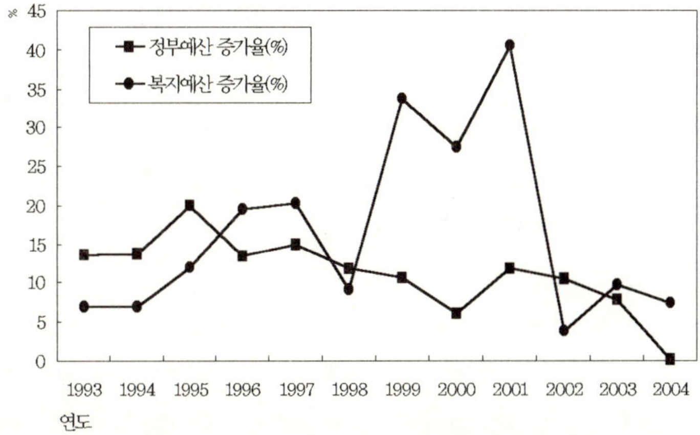

건이라는 정치적 격변을 경험한 바 있다. 그 사건이 터지기 전의 정치·사회적 상황을 보면, 1970년의 전태일 분신사건, 1972년의 '10월 유신', 1979년의 YH 무역회사 여성노동자 농성사건, 1979년의 부마항쟁 등이 일어났다. 필자는 그러한 사건들을 역동적 균형의 붕괴징후라고 본다. 그래서 결과론적으로 말한다면, 만약 1972년이 시작연도였던 제3차 5개년계획이나 1977년이 시작연도였던 4차계획부터 경제 및 사회발전으로 전환했다면, 역동적 균형의 붕괴를 막을 수 있었다고 추정하는 것이다.

그런가 하면, 1997년의 외환위기로 우리는 두 번째의 좌절을 경험하였다. 다시 한번 결과론적 추론을 하면, 문민정부가 1993년에 성안했던 '신경제 5개년계획'이 역동적 균형을 강화시키는 방향으로 입안되었다면, 지금쯤 우리는 이미 성숙복지국가 또는 선진한국에 진입했을 것으로 본다.

필자는 이상과 같은 생각에 근거해 우리는 '경제성장 지상주의' 시기에 형성된 선경제·후복지 패러다임의 시험을 너무 장기간 시도했다고 판단한다. 즉, 경제개발 계획의 초기에는 그러한 패러다임이 역동적 균형을 유지할 수 있었다는 것이다. 그러나 어느 시점에 이르렀을 때, 신패러다임으로의 전환이 요구되었지만, 관성법칙으로 인해 전환시점의 적기를 놓쳐버린 것으로 본다.

5. 맺음말: 신패러다임으로의 전환

제4절의 분석을 통해 필자는 지난 45년간 우리를 지배했던 사회복지 패러다임은 이미 구시대의 유물이 되었다고 결론 내린다. 이제 남은 질문은 신패러다임의 내용을 무엇으로 채울 것인가에 모아진다.

먼저 신패러다임 구축의 최종목표는 역동적 균형 즉, 이 글의 서론에서 설명한 복지의 외생적 차원과 내생적 차원 모두에서 균형상태를 회복시키는 것이다. 다음으로 그러한 목표를 달성하기 위한 전략을 신중히 고려할 필요가 있다. 그리하여 필자는 목표달성의 방법이 구패러

〈표 3-11〉 신·구패러다임의 비교

	구패러다임	신패러다임
명 칭	선경제 후복지	선복지 후경제
슬로건	성장 있어야 복지 있다	복지 없으면 성장도 없다
복지정책 목표	양적 확대	질적 고양
복지정책 환경	국가 외에 기업이나 민간부문 복지능력 미형성	국가 외에 기업이나 민간부문 복지능력 형성
복지정책 우선대상	경제활동인구 (부담능력 강자)	취약계층 (부담능력 약자)
정책수단	사회보험 우선	사회보험+사회부조+사회적 서비스 3자 균형
사회보험의 관리운영체계	통합일원화	관리는 통합, 운영은 이원화
사회복지 전문성	비전문적	전문적

다임에 대한 완전뒤집기가 되어서는 안 될 것으로 생각한다. 왜냐 하면, 필자는 제 4절에서 분석했듯이 구패러다임의 모든 것이 잘못되었다고 보지 않기 때문이다. 그래서 그 대안으로 변증법적 발전 즉, 구패러다임의 장점을 최대한 유지시키면서 약점보완과 새로운 문제에 대한 해결능력을 보강하는 방향으로의 전환을 모색한다.

따라서 구패러다임의 성과였던 복지국가의 조기달성과 사회보험의 고속확대를 인정하는 한편, 보험료부담의 비형평성, 사회부조의 허약성 그리고 취약계층 보호의 부실성에 대한 보완이 가능하도록 설계한다. 다음으로 내용의 구성에 있어서는 역동적 균형을 유지하는 데 유리하게 작용할 수 있는 항목들을 우선적으로 고려한다. 〈표 3-11〉은 신패러다임을 구패러다임과 대비시켜 놓은 것이다.

먼저 신패러다임의 명칭은 선복지·후경제로 정했는데, 이는 구패러다임의 전면부정을 의미하는 것이 아니다. 오히려 현재의 역동적 불균형상태를 균형상태로 돌리기 위한 전략적 중요성을 강조할 뿐이다.

따라서 신패러다임의 유효기간은 역동적 균형이 회복될 때까지 한시적이다. 양 패러다임을 일목요연하게 비교할 수 있는 부분이 슬로건인데, 복지가 경제의 시녀로 예속되었던 것이 구패러다임이라면, 신패러다임에서는 복지가 경제를 활성화하는 동반자로 격상되었다.

이어서 복지정책의 목표는 양적 확대에서 질적 고양으로 바뀌고, 복지의 우선대상자는 과거의 생산계층에서 취약계층으로 옮겨간다. 따라서 정책수단의 중심점도 사회보험에서 사회부조 및 사회적 서비스로 다변화됨과 동시에 3자간의 균형을 도모한다. 그리고 사회보험의 관리운영체계는 통합일원화로부터 관리와 운영을 구분하는 방향으로 전환한다. 즉, 관리는 여전히 통합체계하에서 집행하되 운영은 피용자와 자영업자를 분리하는 이원체계로 바꾼다. 끝으로 사회복지 부문에서 전문성의 활용 폭을 증대함으로써 사회보장의 사회안전망 기능이 한층 더 과학화될 것으로 기대된다.

이상과 같은 신패러다임의 구상은 이번 학술포럼의 주제인 "역동적 균형과 선진한국"의 개념을 염두에 두고 만들어졌다. 그러나 역동적 균형은 이동표적(*moving target*)과 같아서 실천가의 입장에서 보면, 지표화하기 힘들다는 문제점을 안는다. 예컨대, 최근에 유행하는 유연안전성(*flexicurity*)을 실천하는 것은 유연성(*flexibility*) 또는 안전성(*security*) 중 어느 하나만을 집중적으로 추구하는 것보다 훨씬 힘든 것이다(이원희, 2001). 이와 같은 난점은 신패러다임으로의 전환을 어렵게 만드는 한 원인이라고 생각한다.

신패러다임에 얽힌 고민은 실천성의 문제뿐만 아니라 국민을 이해시키기 힘들다는 점에서도 나타난다. 일례로, 구패러다임에서 목표로 삼았던 양적 확대의 경우 국민의 동의를 받기 쉽지만, 질적 변화를 꾀하면 실적은 잘 안 보이고 국민부담의 문제만 부각되기 쉽기 때문에 변화와 개혁의 실패확률은 그만큼 늘어나는 것이다.

이와 같이 신패러다임으로의 전환에는 개혁이나 변화에 대한 일반적 저항은 물론이고 방금 언급한 고충까지 도사리고 있다. 그럼에도 불구하고 사회복지의 패러다임 전환은 시대적 요청임과 동시에 필연이라 말할 수 있다. 왜냐하면, 우리 사회는 역동적 균형이 무너진 결과

성장잠재력이 줄어드는 위기에 빠져 있다. 그리하여 지난 11년 동안 다음 단계인 성숙 복지국가 즉 선진한국으로의 도약에 성공하지 못한 채 미성숙 복지국가에서 마냥 허둥대고 있다. 하루라도 더 늦기 전에, 과거 45년을 지탱했던 사회복지발전의 구패러다임을 청산하고 새로운 것으로 전환시켜야 한다. 그렇지 않으면, 선진한국의 꿈은 남가일몽으로 끝난다.

참고문헌

감정기 외(2002), 《사회복지의 역사》, 서울: 나남출판.

강광하(2000), 《경제개발 5개년 계획: 목표 및 집행의 평가》, 서울대학교 출판부.

경제기획원(1993), 《신경제로의 도약》.

구인회(2004), “한국의 빈곤, 왜 감소하지 않는가?: 1990년대 이후 빈곤 추이의 분석”, 《한국사회복지학》 제 56권 제 4호, pp. 57~78.

구종회 · 함세남 외(1996), 《선진국 사회복지발달사》, 서울: 홍익사.

국민연금관리공단(2004), 노후소득보장 사각지대해소대책위원회 회의자료.

______(2005). 국민연금관리공단 데이터베이스.

김근조(1994), 《사회복지법론》, 서울: 광은기획.

김기원(2000), 《공공부조론》, 서울: 학지사.

김기태 외(1999), 《사회복지의 이해》, 서울: 박영사.

김만두 외(1993), 《현대사회복지개론》, 서울: 홍익사.

김상균(1983), “한국사회보장제도의 경향과 당면과제”, 《의보공론》, 의료보험관리공단.

______(1987), 《현대사회와 사회정책》, 서울대학교 출판부.

김상균 외(2005), 《사회복지개론》, 서울: 나남출판.

김태성 외(2004), 《복지국가론》, 서울: 나남출판.

남기민(2005), 《현대사회복지학》, 서울: 양서원.

노동부(2003), 《고용보험백서》.

______(2004), 《고용보험백서》.

______(2004), 《산재보험 40년사(1964~2004)》.

대한민국정부(1986), 《제6차 경제사회발전 5개년계획(1987~1991)》.

______(1992), 《제7차 경제사회발전 5개년계획(1992~1996)》.
______(1993), 《신경제 5개년계획(93~97)》.
박순일 외(2004), "한국의 복지재정 규모 및 구조분석", 《보건복지포럼》 통권 제 90호. pp. 55~62.
박용순(1999), 《사회복지개론》, 서울: 학지사.
백종만(1996), "해방 50년과 남한의 민간복지", 한국사회복지학 연구회 편, 《상황과 복지》 창간호. 인간과 복지.
보건복지부(2004), "2004년도 세입세출 설명자료".
삶의 질 향상 기획단(2002), 《생산적 복지: 복지 패러다임의 대전환》.
손준규(1983), 《사회보장 · 사회개발론》, 서울: 집문당.
이두호 외(1992), 《국민의료보장론》, 서울: 나남출판.
이영환(1989), "미군정기의 구호정책", 하상락 편, 《한국사회복지사론》, 서울: 박영사.
이원희(2001). "비정규노동의 법적 보호의 새 경향: 유연안정성의 추구", 《노동법연구》 2001년 하반기(11), pp. 3~46.
이인재 외(2002), 《사회보장론》(개정판), 서울: 나남출판.
전남진(1987), 《사회정책학강론》, 서울대학교 출판부.
정홍길(1998), 《사회복지개론》, 서울: 홍익사.
참여복지기획단(2004), 《참여복지 5개년계획(2004~2008)》.
최천송(1991), 《한국사회보장연구사》, 서울: 한국사회보장문제연구소.
카바40년사 편찬위원회(1995), 《외원사회사업기관활동사: 외국민간원조기관 한국연합회 40년사》, 서울: 홍익재.
통계청(2004), 《경제활동인구연보》.
한국인구보건연구원(1989), 《기초연금제도 정책구상과 사업장확대》.
현외성 외(1999), 《사회복지학의 이해》, 서울: 유풍출판사.

J. J. Richardson et al. (1981). *Governing Under Pressure*. Martin Robertson Oxford.
Peter Flora et al. (ed.) (1984), *The Development of Welfare States in Europe and America* (2nd ed.).

Website
www. euro. who. int/observatory.
www. freedomhouse. org.

4 젠더재구조화와 양성평등

돌봄노동의 사회화를 중심으로

심 영 희

1. 왜 다시 양성평등인가?

이 연구는 우리나라의 양성평등정책의 현실과 문제점을 간략히 살펴보고 이를 통해 앞으로 어떤 양성평등정책의 패러다임을 추구해야 할 것인지 방향을 제시하고 향후 중점적으로 추진해야 할 과제를 중심으로 구체적으로 이를 실현할 수 있는 방안을 모색해보려는 것이다. 먼저 우리사회에 양성평등이 많이 진전되었다고 하는데 왜 다시 양성평등을 논할 필요가 있는지부터 살펴보자.

이와 관련하여 가장 중요한 이유는 여성정책의 성과에도 불구하고, 실질적 평등이 제대로 되어 있지 못하다는 데서 찾을 수 있다. 한국의 양성평등정책은 1990년대에 활발하게 전개되어 많은 의미 있는 변화가 일어났고, 최근 들어 여성정책에 큰 진전이 있었다. 여성부가 설립되는 등 국가기구의 여성정책에 대한 관심이 그 어느 때 보다도 높아졌으며 헌법정신인 남녀평등을 구현하기 위해 각종 법이 잇달아 제정 또는 개정되었다. 1980년대 말에 남녀고용평등법이 제정되었고, 1990년대에는 가족법개정, 성폭력특별법, 가정폭력방지법 등이 제정되었으며 2000년대에는 모성보호법, 청소년성보호법, 성매매방지법, 영유아보육법 등이 제정 또는 개정되었고 호주제가 폐지되는 등 여성정책에 커다란 진전이 있었다.

다른 한편 이러한 가시적 변화에도 불구하고 일과 가정 곳곳에 성차별관행이 남아 있고, 사회적 통념과 일상생활에 뿌리내린 가부장적 이데올로기들은 쉽사리 변하지 않았으며, 형식적인 법과 제도가 실질적 차별을 바로잡는 데 큰 도움이 되지 못하는 답답한 상황도 여전히 남아 있다. 더욱이 급속하게 밀어닥치는 세계화, 고령화의 흐름들은 한국여성이 처해 있는 현실을 더욱 복잡하게 만들고 여성의 갈등을 더욱 높인다. 예컨대, 여성들의 경제활동 참여증가의 둔화, 여성비정규직의 증가, 이혼의 증가, 결혼의 지연, 저출산 등은 한국여성이 처해 있는 현실을 말해주는 예들이다. 저출산은 여성정책의 성과에도 불구하고 실질적 평등이 잘 안되어 있기 때문에 나타나는 그 단적인 예이다. 이는 아래에서 다시 논의할 것이다.

이처럼 여성정책의 성과에도 불구하고 실질적으로 불평등과 차별이 팽배해 있고 형식적 평등과 실질적 평등 사이에 괴리가 있기 때문에 양성평등 문제를 다시 다루지 않을 수 없다. 그러면 실질적 불평등의 현실은 어떠하며 문제는 무엇인가? 실질적 평등이 잘 안 되는 이유는 무엇인가? 우리가 달성하려는 실질적 평등은 무엇인가? 어떻게 하면 실질적 평등을 달성할 수 있는가? 이 글에서는 실질적 평등을 달성하기 위한 새로운 접근의 원칙으로 역동적 균형과 젠더재구조화를 제시하고자 한다. 그리고 이 역동적 균형의 원칙하에 다음의 연구질문을 던지려고 한다.

1. 여성불평등의 현실은 어떠하며 문제는 무엇인가?
2. 어떤 양성평등을 추구해야 하나?
3. 실질적 평등달성을 위한 향후과제는 무엇인가?

2. 양성간 실질적 불평등의 현실과 여성의 갈등

먼저 양성간 실질적 불평등의 문제로서 노동시장의 성차별과 가족 내 여성의 문제를 살펴보고 실질적 불평의 문제와 원인을 정리해 보겠다.

1) 노동시장에서의 성차별

노동시장에서 성차별은 ① 여성의 경제활동 참여증가의 둔화, ② 여성취업의 서비스업 편중, ③ 여성비정규직의 증가, ④ 출산과 육아로 인한 경력단절 등으로 나타난다.

(1) 여성의 노동시장 참여 증가 답보상태

산업화가 진전됨에 따라 남녀의 공식적인 경제활동이 확대되는 것은 당연하다. 특히 여성의 경우 1960년대 이후 경제활동 참여가 지속적으로 확대되어 1960년 26.8%였던 여성의 경제활동 참가율이 1970년에 38.5%, 1980년에 42.8%, 1990년에는 47.0%로, 그리고 1997년에는 49.5%로 증가했다가 IMF의 여파로 1998년에는 47.0%로 감소했다가 다시 증가해 1999년에는 47.4%, 2000년에 48.3%, 2003년에 48.9%가 되었다가 2004년에 50.6%로 간신히 50%를 넘어섰다(통계청, 2005 ; 한국여성개발원, 2005). 여기에서 특이한 점은 산업화 이후 여성의 경제활동 참가율이 지속적으로 증가했지만, 1990년대 중반 이후 10년간 여성의 경제활동 참여율증가가 49% 정도에서 더 이상 증가하지 못하고 답보상태에 머물러 있었다는 점이다. 또한 남성의 경제활동참여율은 75% 정도에 달하는데 여성의 경제활동 참여율은 왜 50% 이하에 머물러 있었다는 것이다. 왜 여성의 경제활동참여는 이처럼 답보하고 더 증가하지 못했는지 그 이유가 궁금하지 않을 수 없다.

(2) 여성취업의 서비스업 편중

한편 노동시장에 들어간 대부분의 여성들은 서비스직 분야에서 일하는 것으로 나타난다. 여성취업자의 산업분포를 보면 농림업이 10.1%,

광공업은 16.2%인데 비해 서비스업에 종사하는 여성취업자는 73.7%로 높게 나타났다. 직업별분포를 보면 여성의 경우 서비스종사자 20.3%, 상점과 시장판매자 16.9%, 사무근로자 16.4%, 단순노무자 12.3% 순으로 높고, 의원, 고위임직원 분포는 0.3%로 매우 낮은 것으로 나타난다. 여성비율을 보면 서비스종사자 67.7%, 판매종사자 54.1%로서 다른 직종에 비해 상대적으로 높게 나타났다(한국여성개발원, 2005). 여성의 임금노동은 이처럼 서비스직 분야에 집중되어 있고, 저임금에 노동환경이 열악하고 승진사다리가 없다. 많은 고학력여성들은 일하고 싶어도 일할 기회가 없어서 못한다. 전문직에 들어간 여성들도 조금 증가하긴 했으나 아직도 비율이 낮다.

(3) 비정규직의 여성화문제

이외에도 종사상의 지위나 고용안정성 면에서 보면 여성취업자는 상대적으로 열악한 위치에 있다. 특히 경제의 세계화로 노동시장 유연화가 진전되면서 비정규직이 급속하게 증가했는데, 이 비정규직 중 여성의 비율이 매우 높다(한국여성개발원, 2005). 보다 구체적으로 여성임금노동자 중 임시직의 비율은 2000년에 46.3%, 2002년에 45.8%, 2003년에 47.3%이고, 일용직은 2000년에 23.4%, 2002년에 20.6%, 2003년에 17.4%로서 임시직과 일용직을 합하면 70% 정도에 달한다. 이들 비정규직 사원 대부분은 임금이 낮고 기타 부가급여의 혜택을 받지 못하며, 고용불안정에 시달린다. 더욱이 1997~1998년의 경제위기 기간동안 여성노동자들은 해고 1순위였다(《문화일보》 1998.1.5).

(4) 출산과 육아로 인한 경력단절

여성의 경제활동참가율을 연령별 그래프로 보면 여성은 M자형 참가율을 보인다. 즉 연령별로 여성은 20대 중반까지 상승하다가 30~34세까지 빠른 감소를 보인 후 다시 상승하는 전형적인 M자형 참가율을 보이는데 이는 결혼과 육아로 인한 경력단절이 여전히 존재함을 보여주는 것이다. 단지 여성의 만혼화 등으로 인해 노동시장에서 퇴장하는 최저연령층이 25~29세에서 1995년 이후 30~34세로 이동된 형태를 보이는 것이 달라진 것이다.

혼인상태별로 보면 1996년까지는 미혼여성의 경제활동 참여율이 더 높았지만 1997년 이후부터 2000년까지는 기혼여성이 미혼여성보다 더 높은 경제활동 참여율을 보여주다가 2002년부터 다시 역전되는 모습을 보여준다. 2003년 혼인상태별 여성의 경제활동 참가율은 미혼의 경우 51.7%, 기혼의 경우 48.0%로 미혼이 기혼보다 높다. 이제는 여성 두 명 중 한 명 꼴로 어떤 형태이든 경제활동을 하는 셈이다. 결혼한 이후에도 여성이 계속 일을 하는 것이 어느 정도 일반화된 것이다. 이것은 미혼여성 중심이던 여성의 노동시장 참여가 미혼과 기혼여성의 양면으로 나뉘어졌음을 보여주는 것이고 또한 기혼여성의 경제활동 참여를 위한 지원이 필요함을 보여주는 것이다.

이러한 현상들은 여성이 노동시장에서 아직도 여러 가지 성차별을 받고 있음을 보여준다. 예컨대, 여성의 경제활동참여는 모집단계, 임금, 부서배치, 과제할당, 승진, 퇴직, 성희롱 등 노동시장의 다양한 성차별적 관행으로 제약을 받는다(심영희 외, 2002). 또한 가사와 육아문제에 의해 제약을 받는다. 한국에서는 뿌리깊은 성별분업 이데올로기로 인해 가사와 육아를 지원하는 체계가 거의 없었고 최근에 와서야 보육정책이 형성되어 보육서비스가 시작되는 단계이다. 출산율이 급속히 떨어진 것은 이런 이유들 때문이라 할 수 있다. 법적 평등은 어느 정도 이루어졌지만 실질적 평등은 아직 이루어지지 않았다고 할 수 있다. 이와 같이 양성평등의 이데올로기와 불평등한 현실 사이의 갈등이 여성의식의 뿌리에 있다고 할 수 있다.

2) 가족 내 여성의 갈등

가족 내 여성의 갈등은 ① 혼인감소와 이혼의 증가, ② 가사노동과 자녀양육의 부담, ③ 저출산의 문제 등으로 나타난다.

(1) 혼인의 감소와 이혼의 증가

가족의 변화 중 주목할 만한 현상은 혼인의 감소와 이혼의 증가이다.

인구동태통계에 의하면 우리나라 혼인건수는 매년 조금씩 감소하고 이혼건수는 증가하는 것으로 나타난다. 2003년 혼인건수는 304,932건으로 1990년과 비교해 94,380건 정도 적게 혼인함으로써 조혼인율이 9.3에서 6.3으로 크게 줄어들었다. 이혼의 경우 1990년의 45,694건에서 1995년 68,279건 그리고 2003년 167,096건으로 매년 빠르게 증가한다. 이로 인해 조이혼율은 1990년 1.1에서 1995년 1.5로 증가하고 2003년은 3.5로서 1995년과 비교하여 인구 1,000명당 이혼하는 건수가 2배 이상 증가하였다. 또한 결혼에 대한 이혼율비는 1990년 11.4, 1995년 17.1, 2000년 35.9, 2003년 54.8로 급격히 증가하였다(한국여성개발원, 2005). 이혼의 증가는 가부장적이고 불평등한 가족관계와 관련이 없다고 할 수 없을 것이다.

한편 혼인의 감소는 결혼연령이 높아지는 혼인지연현상 및 독신인구 증가와 관련이 있는데 20, 30대 남녀인구 중 혼인하지 않는 인구의 비율이 증가하였다. 우리나라 여성의 평균초혼연령은 1987년 24.5세, 1995년 25.4세, 그리고 2003년 27.3세로 매년 조금씩 증가한다. 이러한 현상은 출산율하락을 촉진시키는 요인의 하나가 되었다.

이러한 혼인의 감소와 이혼의 증가는 결혼과 이혼에 대한 의식의 변화와 관련이 있다고 할 수 있는데, 특히 젊은 계층을 중심으로 결혼과 이혼에 대한 의식이 점차 변화하는 것으로 나타난다. 1998년 결혼에 찬성하는 비율은 여성 67.9%, 남성 79.5%였으나 2002년 각각 61.3%, 77.3%로 남성에 비해 여성의 비율이 훨씬 많이 감소했다. 연령별로 보면 10대와 20대 연령층 여성의 경우 결혼은 해야 하는 것이 아니라 선택의 문제로 보는 여성 또한 많은 것으로 나타났다. 이혼에 대한 태도도 경우에 따라 할 수 있는 쪽으로 변화되었다. 1998년 여성 중 57.0%가 이혼은 절대 안 되며 가급적 해서는 안 된다는 태도를 보였으나 2000년 52.3%로 4.7% 낮아졌고 경우에 따라 할 수 있다는 의견은 31.4%에서 37.6%로 6.2% 높아졌다(한국여성개발원, 2005).

(2) 가사노동과 자녀양육의 부담

1999년 통계청의 생활시간 조사에 의하면 우리나라 10세 이상 여성의 평일 총 일한 시간(취업일, 가사일, 봉사활동 시간)은 6시간 24분으로 남성의 5시간 33분에 비해 51분을 더 일하는 것으로 나타났다. 특히 가사의 경우 비맞벌이가구는 말할 것도 없고 맞벌이가구의 경우에도 여성은 하루 평균 3시간 45분 동안 가사일을 하는 반면 남성의 경우는 1시간 정도만 가사일을 하는 것으로 나타났다. 여성의 가사분담 정도가 높을 뿐 아니라 의식적인 면에서 여전히 가사는 여성의 몫이라고 생각한다. 즉 가사분담에 대한 태도를 보면 남성의 70.9%와 여성의 61.3%가 '여성이 전담하거나 주로 해야 한다'는 견해를 보인 반면 '남성이 전담하거나 주로 해야 한다'는 견해는 남녀 각각 2.8%와 4.0%로 매우 낮게 나타났다(한국여성개발원, 2005).

이와 관련하여 여성이 자녀 때문에 일을 그만둔 경험이 있거나 노동시장에 참여 못한다는 것을 보여주는 통계가 있다. 보육실태조사(여성부, 2005)에 의하면 여성이 결혼 후 취업을 중단한 경험이 있는 비율은 38.4%이고 중단이유로는 자녀양육이 64.9%, 임신출산에 따른 직장불이익 때문이 12.6%로 나타났다. 미취업모의 경우 미취업사유는 자녀양육을 위해서가 49.1%, 자녀를 안심하고 맡길 곳이 없어서가 23%로 나타났다. 취업 때문에 출산이나 자녀수를 조절한 경우도 15.2%가 되어 여성이 취업과 양육을 병행하는 데 어려움이 많다는 것을 보여준다. 취업모의 경우에는 보육시설을 선호하는 것으로 나타났다. 최연소아동이 만 0~5세인 어머니의 취업률은 35.1%로서 이를 영아모와 유아모로 나누어보면 영아모의 취업률은 26.8%이고 유아모의 취업률은 42.6%로 나타났다. 취업모의 자녀는 42.8%가 보육시설을 이용하고 16.2%가 유치원을 이용하는 것으로 나타났다.

여성의 지위가 높아지지만 가사노동은 여전히 여성의 몫이고 가정생활에서 성차별을 느끼는 여성비율은 줄지 않았다. 2002년 가정생활에 성차별이 있다고 응답한 여성비율은 40.9%로 1998년 40.2%에 비해 오히려 0.7% 증가한 것으로 나타났다(한국여성개발원, 2004).

(3) 저출산의 문제

한국사회는 심각한 저출산현상을 경험하였다. 우리나라의 합계출산율은 2002년에 1.17명, 2004년에 1.19명, 2005년에는 1.08명으로 OECD 국가 중에서도 최저치를 기록하였다. 이는 1960년 6.0명, 1970년 4.5명, 1980년 2.8명, 1990년 1.5명, 2000년 1.5명에 비교해 볼 때 급속히 감소한 것이다(통계청, 2005), 이것은 프랑스(1.8)나 노르웨이(1.7)와 같은 서구국가보다도 더 낮은 세계 최저수준이다.

급속한 저출산현상은 인구고령화를 수반하여 그 충격이 더욱 커지고 있다. 통계청의 추계에 의한 한국인구를 보면 2020년 4,996만 명을 정점으로 감소하기 시작하여 2050년에는 4,235만 명으로 감소할 것으로 예상된다. 노인인구의 구성비율은 1960년 2.9%에서 2000년 7.2%로 급상승하고 2050년에는 무려 37.3%에 달하는 것으로 추계된다. 이와 같은 최근의 인구변동 추세는 생산인구 감소로 인한 국가경쟁력 약화, 피부양인구 증가로 인한 복지비증가와 국가재정 압박, 무엇보다도 사회구성원의 재생산 자체가 위협받게 될지도 모른다는 불안한 전망을 야기한다.

저출산현상은 왜 나타나는 것일까? 여성들은 취업이나 각종 사회활동을 위해, 또는 과다한 자녀양육비용이 부담스러워 출산을 줄이는 것으로 볼 수 있다. 우리사회는 여성이 우대받지 못하고 따라서 아예 출생시점부터 기피되는 사회, 출산하고 양육하는 어머니의 역할을 공적으로 배려하지 않는 사회이기 때문이다.

이러한 저출산·고령화문제에 대해 갖가지 대책이 홍수처럼 쏟아져 나오고 있다. 인구대책 차원에서 '출산장려정책'을 펴야 한다는 주장도 있고 '저출산종합대책'을 펴자는 주장도 있다. 이러한 종합대책에는 여성의 고용률과 출산율을 동시에 높이는 전략과 출산에 대한 사회적 책임을 강화한다는 내용이 포함되어 있다. 그럼에도 불구하고 출산여성, 다자녀가족에 유리한 인센티브를 제공하는 내용이 담기면서 부분적으로 전통적 성별분업을 강화하고 가부장적 가족주의를 온존시키는 내용도 들어 있다는 데에 문제가 있다(장지연, 2004 ; 2005). 저출산을 인구대책이나 가부장적 관점에서 해결하려 해서는 안 된다. 젠더관점에서 사회를 재구조화하는 관점에서 접근할 필요가 있다.

3) 실질적 불평등의 문제와 원인

그러면 이러한 실질적 불평등의 원인은 무엇인가? 그것은 한편으로는 남녀간의 성별분업과 권력의 불균형, 다른 편으로는 법과 현실의 괴리 때문이라고 볼 수 있다.

(1) 남성과 여성사이의 성별분업과 권력의 불균형

위의 논의를 요약하면 여성은 노동시장과 가족에서 모두 성차별을 받는 것으로 나타난다. 특히 사회가 산업화하면서 여성들에게 취업의 기회가 열리고 여성들의 의식은 바뀌었지만 일터와 가정의 분리 및 이에 기반한 성별분업 및 가부장적 제도와 의식이 아직도 강하게 남아있음으로 해서 여성들의 이중부담이 커졌고, 이로 인한 여성들의 갈등이 커지고 있다. 또한 직장과 가정에서 나타나는 여성에 대한 각종 차별들은 여성으로 하여금 결혼이나 출산을 기피하게 만들고 이혼율을 올리는 데 기여하는 것으로 보인다. 즉 남성과 여성사이의 성별분업과 권력의 불균형이 문제라는 말이다.

(2) 법과 현실과의 괴리

또 하나의 문제는 법과 현실의 괴리문제이다. 보다 구체적으로 표방하는 법이나 정책은 성중립적이거나 여성보호적이지만 실제집행은 남성중심적으로 이루어지는 경우가 아직도 많다. 그 결과 성차별현상이 끊이지 않는 실정이다. 예컨대, 남녀고용평등법이 제정되었지만 법집행상에 여러 가지 문제점이 노정된 것이 그 중 하나이다. 이는 여성에게 노동시장 참여기회는 열어 놓았지만 실제로는 성별분업 이데올로기가 여전히 강력하게 작동하는 원리가 되고 있고, 여성노동은 가계보조적이라는 시각 또한 그다지 약화되지 않았기 때문인 것 같다. 이런 문제들에서 알 수 있듯이 오늘날 우리사회에는 법과 현실과의 괴리가 심각하다. 이는 제도에 비해 의식이 지체되어 있는 제도와 의식의 시간 부정합성현상 때문이라고 볼 수 있다.

이렇게 볼 때 법을 실현할 수 있는 환경, 제도, 의식 등이 미비되어 있는 상태에서 법만 제정한다고 평등이 실현되는 것이 아니다. 법을 실현할 수 있는 환경, 제도, 의식의 변화를 추구해야 한다. 또한 세계화, 고령화 등 새로운 환경의 변화도 이러한 법과 현실의 괴리, 제도와 의식의 시간 부정합성현상에 기여한다고 할 수 있다.

(3) 양성평등의 개념 명확히 해야

이제 남녀평등을 지향하는 법적·제도적 변화들이 실질적 효과를 이끌어낼 수 있도록 가다듬고, 형식적 평등이 실질적 평등으로 일상생활에 뿌리내리게끔 하는 노력이 절실히 필요하다. 이를 위해서는 법을 실현할 수 있는 환경과 의식의 변화를 추구하는 외에도 남녀평등의 내용을 질적으로 심화시켜야 한다. 어떤 양성평등을 추구해야 하는지를 명확히 해야 한다는 것이다. 목표를 분명히 해야 이에 도달할 길을 찾기가 쉬워지기 때문이다.

남녀평등을 주장하는 일은 단지 남성의 몫을 여성에게 나누어 달라는 '분배의 요구'에 머무를 수 없으며, 여성을 주체이자 시민으로 인정하고 여성의 정체성과 여성적 문화를 존중하는 '인정의 요구'로 확대되어야 한다. 여성이 평등한 몫을 누리면서 동시에 시민으로 인정받는 사회의 구성원이 되는 것이 필요한 것이다.

3. 어떤 양성평등인가? : 젠더재구조화와 양성평등

1) 역동적 균형과 양성평등

위에서 남녀간 실질적 불평등의 현실은 남녀간 일과 권력의 불평등, 법과 현실의 괴리에서 발생하고 있음을 자료를 통해 보여주었다. 그러면 우리가 추구해야 할 양성평등은 어떤 양성평등인지 논의해보자. 우선 남녀간 일과 권력의 불평등을 해소하고 실질적 평등을 성취하는 것이 기본적으로 필요하다. 이를 위해서 역동적 균형과 젠더재구조화의 개념을 이용하고자 한다.

역동적 균형이란 한편으로는 역동과 다른 편으로는 균형이라는 얼핏 보아 서로 모순되는 것으로 보이는 두 차원을 결합하여 새로운 시너지를 창출하려는 개념이다. 이 개념을 양성평등의 관점에서 생각해보면 다음을 포함할 것이다. 첫째, 남녀간에 어느 한쪽에 무게중심이 치우치지 않게 균형을 잡아야 한다. 둘째, 그러면서도 정체되지 않고 역동성을 가져야 한다.

첫째, 남녀간에 균형을 잡아야 한다는 말은 여러 가지 뜻을 가지고 있다. 우선 남녀간에 공사영역으로 분리되어 있던 성별분업을 바로 잡아야 한다. 남자들은 주로 공적 영역, 생산노동 영역을 지배했고, 여성들의 장소는 가정으로서 사적영역에서 재생산노동을 해왔다. 이러한 공사영역의 분리와 이에 기반한 성별분업에 균형을 잡아야 한다. 그동안 일하고 싶어도 기회가 주어지지 않아서 못했던 여성들에게 일할 기회와 권리를 주어야 하고 남성들이 주로 해온 일을 여성들도 나눠서 같이 해야 한다는 것이다.

또한 가부장제사회에서 남성이 기준이 되고 남성이 대표가 되고 남성이 권력을 가졌던 것에 균형을 잡아야 한다. 시계추가 한쪽에 갔다가 중간에 오려면 그냥 올 수는 없다. 반드시 반대쪽으로 갔다가 돌아와야 한다. 이렇게 볼 때 균형을 잡으려면 이제 여성의 관점에서 생각하고 접근해야 한다. 여성의 참여가 늘어나야 할 뿐만 아니라 여성의 관점에서 평등을 생각해야 하고 주류의 전환이 일어나야 한다. 이제 여성에게도 동등하게 대접받고 동등하게 대표가 되는 기회를 주어야 할 뿐만 아니라 여성중심으로 사회의 재편이 일어나야 한다. 현재 일중심으로 사회가 조직되어 있어서 여성들의 돌봄노동의 가치가 인정받지 못하고 있는데 돌봄노동의 사회화[1]가 일어나거나 돌봄노동도 '일'과 똑같이 가치를 평가해야 하고 나아가 돌봄노동을 중심으로 사회가 재편되고 젠더재구조화가 일어나야 한다는 것이다.

둘째, 남녀간에 균형을 잡으면서도 동시에 정체되지 않고 역동성을

---

1) 돌봄노동의 사회화란 돌봄노동이 여성의 책임에서 사회의 책임으로 이동하는 것을 뜻하는데 이는 주로 국가의 강력한 개입을 통해 일어난다.

가져야 한다는 것은 무슨 뜻인가? 한 사회, 한 국가의 균형이 분배를 가리키는 것이라고 한다면, 역동성은 그 사회나 국가의 발전, 성장, 생산성이라고 할 수 있다(Chung, 2002). 남녀간의 균형에 치중하다 보면 그 사회가 발전하지 못하고 정체되어 버리지 않을까 염려하는 사람들이 있을 것이다. 여성의 생산노동 참여가 모든 여성을 포괄하는 쪽으로 확대된다면, 또는 돌봄노동의 사회화가 일어나거나 돌봄노동의 가치를 인정하는 쪽으로 젠더가 재구조화된다면 혹시 사회가 더 이상 발전하지 못하고 정체하는 것은 아닐까 하고 걱정하는 사람들도 있을 것이다. 그러나 오히려 그 반대일 수도 있다. 남녀간에 균형을 이루는 것이 발전에 역행하는 것이 아니라 오히려 도움이 될 수 있다는 것이다. 여성의 노동참여 증가는 특히 생산인구가 부족하게 되는 저출산 고령화사회에서 발전과 성장에 엄청난 기여를 할 수 있을 것이다. 또한 남자들의 경우에도 여성들이 노동에 참여함으로써 경제적으로 한결 여유로운 생활을 할 수 있을 뿐 아니라 이제까지 일하느라고 잘 알지 못하고 살았던 가족관계의 친밀성의 즐거움을 느끼게 해줄 것이다. 그렇다고 남자들이 일을 안 한다는 것이 아니다. 일을 하면서도 돌봄의 일도 공유하자는 것이다. 역동적 균형은 남성과 여성이 함께 균형과 평등을 이룸으로써 국가발전에 도움이 될 수 있고 이것은 남자와 여자 모두에게 이득이 된다는 것이다. 이렇게 볼 때 역동적 균형에서 본 양성평등은 남성과 여성 간에 균형을 취하도록 젠더재구조화하면서 사회 전체가 발전해가는 것, 즉 모두 윈윈(*win win*)하는 것을 가리킨다.

2) 젠더재구조화와 양성평등

젠더재구조화에 기반한 양성평등이란 무엇인가? 이것은 우선 실질적 평등을 가리키는 것이다. 또한 같음에 기초한 평등과 차이를 인정하는 평등을 아우르는 개념이다. 이 개념들을 설명할 필요가 있다. 우선 실질적 평등의 개념은 무엇인가? 일반적으로 평등개념은 형식적 평등(*formal equality*)과 실질적 평등(*substantive equality*)으로 나누어진다. 형식적 평등이란 기회의 평등이며, 동일한 조건에 속한 사람들이 동등한 대우를 받을 것을 목표로 한다. 즉 성별을 이유로 더 우대받지도 더 차별받지도 않고 개인으로서 법 앞의 평등을 의미한다(양현아, 2005). 실질적 평등은 기회의 평등만이 아니라 조건의 평등과 결과의 평등도 보장하는 평등원리로서 열등한 상태에 처해 있는 사람들이 같은 조건에서 경쟁할 수 있도록 지원해주고 과거로부터 누적된 차별의 효과를 극복하여 잠정적으로 평등한 결과에 도달하도록 대우하려는 생각에서 제안된 평등개념이다. 이 글에서 양성평등이란 이런 '실질적 평등'을 의미한다.

다음으로 같음과 다름에 기반한 평등주의의 개념이다. 남녀평등의 방향에 대한 주장들을 검토해 보면, 의외로 여성주의 내부에서도 다양한 견해가 있다는 것을 알 수 있다. 남녀평등이 어떤 방향으로 나가야 할 것인가 하는 문제는 평등과 차이의 원리 중 어디에 기준을 두느냐에 따라 달라진다. 여기에서는 여성주의에 기반한 몇 가지 입장을 소개하고 바람직한 평등의 전망으로서 젠더재구조화에 기반한 양성평등을 제시하도록 한다.

(1) '같음'에 기초한 평등주의

같음에 기초한 평등주의는 여성도 남성과 같은 인간존재라는 사실에 주목하고, 남성과 동등한 대우를 받아야 할 권리가 있다는 점에서 접근하였다. 즉 남녀간의 차이에 주목하기보다는 동등한 권리에 초점을 맞춘 것이다. 따라서 이런 입장은 성의 차이가 동일한 인간이라는 추상적 차원에서는 무화될 수 있다고 보는 '몰성적 평등' 또는 '대칭관점'(*sex-blind symmetry*)이라고 할 수 있다. 성별에 대한 언급이 없이 추상적이며 중립적으로 기술되어 있는 많은 법적 제도적 표현들이 여기에 해당된다.

이처럼 '같음'에 기초한 평등주의는 적어도 형식적 평등에서 여성들의 지위향상에 상당히 기여했다고 볼 수 있다. 사회영역에서는 참정권과 시민권, 교육기회의 확대, 노동시장에의 참여확대가 그것이다. 가정에서는 이혼할 권리, 자녀에 대한 친권, 재산분할 청구권 등이 있다.

(2) '다름'을 인정하는 평등주의

그러나 객관성과 중립성에 기초한 개인의 권리개념이 구체적 상황에 적용될 때 기대한 만큼 여성의 권리를 보장해주지 못한다는 것이 드러나기 시작했다. 즉 객관성이란 남성적 기준에 근거한 객관성이며, 그러한 기준에 부합하지 않는 여성의 권리는 다른 특수성을 전제해야만 확보될 수 있는 것이었다. 그것은 남녀가 처한 현실적 조건이 불평등하다는 구체적 맥락을 반영하지 않기 때문에 때로는 여성에게 오히려 불리할 수도 있다는 것이다(Jaggar, 1994).

이러한 문제는 어떤 것이 남녀평등의 현실적인 기획인가를 생각하게 하였다. 평등을 주장하되 여성의 특수성을 반영하는 방향을 모색하게 된 것이다. 이것은 남녀간의 차이를 어느 정도 인정한다는 전제 위에 '성에 민감한(*sex-responsive*) 평등'을 주장하는 것이다(Jaggar, 1994 ; Littleton, 1994). 어떻게 보면 이것은 비대칭주의에 입각한 평등주의다. 즉 여자와 남자의 차이가 평등실현의 전제가 되는 것이다.

예를 들어, 여성과 남성은 동등한 선거권과 피선거권을 행사해야 하지만 전통적으로 여성의 정치참여가 저조한 상황, 여성이 가정 일에 얽매여 공적 참여가 억제되었던 특수한 조건을 타개하기 위해서는, 여성에게 일정한 비율의 의석을 할당함으로써 성평등의 목적을 이룰 수 있다. 이것이 바로 할당제의 취지이다. 또한 남성과 여성이 똑같이 일해야 하지만, 임신과 출산을 담당해야 하는 여성의 특수한 차이를 고려하여 모성보호를 보장하는 것도 이와 유사하다. 그리고 성과 재생산 영역에서 성폭력, 가정폭력에서 보호받을 권리 등의 확보도 여성의 특수성을 고려한 것이다.

이처럼 '차이'를 인정하는 평등주의는 여성적 특수성을 고려한다는 면에서 현실적으로 많은 기여를 하였지만 또한 몇 가지 문제점을 초래하였다. 여성적 특수성, 남성과는 다른 여성의 '차이'가 과연 무엇인가? 자칫하면 여성다움에 대한 고정관념이 작용하여 특정한 영역에서 여성을 배제하고 구래의 성역할과 성별분업을 합리화할 수도 있다. 가령 특정직업이 위험하다는 이유로 여성노동을 금지한다면 이것은 보호인가 배제인가? 우리나라의 근로기준법을 보면 "임신했을 때는 무엇을 하면 안 된다"는 식의 모성보호 조항이 있는데, 이러한 보호조항들이 오히려 여성의 취업권을 제한하고 여성의 성역할과 성별분업을 더욱 강화시키는 측면도 있다.

(3) 젠더재구조화에 기반한 평등

'같음'에 기초한 평등주의는 남성적 삶의 기준을 은연중에 수용하면서 여성들 또한 그 기준에 맞추어 살아감으로써 평등해질 수 있다고 주장하였고, '다름'을 인정하는 평등주의는 여성의 특수성인정을 주장하면서 기존의 '여성다움'에 대한 고정관념에 부지불식간에 침윤되어 오히려 성별분업을 고착화시키는 결과를 가져온 점도 없지 않았다. 같음'에 기초한 평등주의와 '다름'을 인정하는 평등주의, 각각에 잠재되어 있는 문제점을 보완할 수 있는 새로운 대안은 없을까?

젠더재구조화에 기반한 평등이 그 대안이 될 수 있을 것이라고 생각한다. 같음에 기초한 평등주의는 기존의 여성역할을 남성의 것과 같게 변화시키는 것을 주장하고 다름에 기초한 평등주의는 기존의 여성과 남성역할은 그대로 둔 채 제도적 보완을 주장하는 데 비해 젠더재구조화에 기반한 평등은 평등화의 전제조건으로서 기존의 여성역할뿐 아니라 남성의 역할도 변화시킬 것을 주장하기 때문이다(Chamberlayne, 1993).

이 입장은 '공적'이고 '생산적인' 삶의 가르침을 바꾸어서 남성들로 하여금 여성들과 동등하게 재생산적 역할을 공유하도록 유도하려는 것이다. 고용중심적인 남성문화에 대한 이러한 비판은 일의 성격과 조직의 변화를 요구하는 것이고 '일중심적' 사회보장체계의 변화를 요구하는 것이다. 여성에게 목표는 남성의 세계에서 경쟁을 하는 것이 아니라 가부장적 사회의 구조를 변화시키려는 것이다.

이 입장에서 평등의 문제를 보면, '같음'과 '다름' 중 어느 하나를 선택하기보다는 이 둘을 단계적으로 포섭하는 과정에서 평등을 이해하게 된다. 즉, 1단계에서 추상적이라도 형식적 법적 평등 즉, 기회의 평등을 성취하는 것이 필요하고, 2단계에서 구체적 상황과 맥락을 고려하는 조건의 평등을 성취하는 것이 필요하다는 것이다. 가령 할당제는 한시적 조치이고 잠정적 우대조치로 지금까지 누적되어온 불평등을 해소해야 할 필요에서 도입될 수 있다. 한편 이런 '같음'과 '다름'의 두 가지 면을 모두 추구하면서, 3단계에서는 제도화에 기반하여 남성의 역할을 바꿔나감으로써 결과의 평등을 성취하려는 것이라고 할 수 있다. 이렇게 볼 때 젠더재구조화는 성주류화의 접근과 비슷한 것이라고 할 수 있다.[2]

3) 젠더재구조화에 기반한 정책: 돌봄노동의 사회화정책

그러면 젠더재구조화에 기반한 정책은 어떤 것인가? 이는 다른 정책들과 비교해보면 그 특성이 명확히 드러날 수 있다. 특정정책들은 그것이 기존의 젠더에 대한 관념을 어떻게 변화·유지시키고, 또 앞으로 젠더관계의 평등·불평등효과를 만들어내는지에 따라서 분류되고 평가될 수 있다. 챔버레인(Chamberlayne, 1993)의 다음과 같은 여성정책 유형화[3]에 기반하여 여성정책을 비교·분석하고 성인지성을 평가해보면 젠더재구조화에 기반한 정책의 특징이 잘 드러난다.

(1) 젠더강화(*gender reinforcement*) 정책

이 유형은 기존의 성역할의 전제를 재확인하면서 기본적 사회보장 수혜의 자격기반을 만드는 정책이다. 복지제공모델은 필요에 의하여 혜택을 결정하는 '잔여적 모델'로 취약계층을 대상으로 하고, 가족정책은 남성생계 부양자모델을 전제함으로써 여성은 남성을 통해서만 수혜를 받을 수 있고 성별분업이 경직된 상황이며, 고용정책에서는 남성에게 우선권을 주는 정책이다.

---

2) 젠더재구조화 접근과 성주류화 접근이 비슷함에도 널리 사용되는 성주류화 대신 젠더재구조화라는 용어를 쓰는 이유는 다음과 같다. ① 젠더재구조화 접근은 돌봄의 사회화 또는 돌봄가치로 사회를 재편한다는 내용을 명확히 가지고 있다. ② 성주류화보다 역동적 변화의 뜻을 가지고 있음으로써 역동적 균형이라는 주제와 잘 맞는다. ③ 성주류화보다 의미가 더 명확하고 쉽게 전달이 된다. 많은 남성들이 성주류화가 무슨 뜻인지 이해하지 못한다고 말한다.

3) 이 유형은 기본적으로 Chamberlayne(1993)에서 나온 것이나 각 유형의 설명에 있어서는 Sainsbury(1994) 등을 참고하여 확장시켰다.

(2) 젠더중립적(*gender neutrality*) 정책

이 유형은 여성위치의 특별한 고려 없이 양성은 평등하게 취급되어야 한다는 입장에서 법을 제정하고 적용한다. 복지제공모델은 기여에 의하여 혜택을 결정하는 '보험에 기반한 모델'로서 노동자를 대상으로 하고 여성도 노동자인 경우에는 수혜대상이 된다. 가족정책은 이인소득자모델을 전제하고 성별분업이 도전되기 시작하며, 고용정책에서는 아직 남성에게 우선권을 주고 여성도 취업하나 주로 시간제로 취업하는 모습이다.

(3) 젠더인지적〔혹은 젠더차이(*gender recognition or gender difference*)〕 정책

이 유형은 여성의 평등을 방해하는 장애요인에 초점을 두고 양성간의 차이를 고려하는 점에서만 평등이 성취될 수 있다고 보는 입장이다(예: 한시적 적극적 조치, 섹슈얼리티 관련법제). 복지제공모델은 젠더중립적 정책과 비슷하게 기여에 의하여 혜택을 결정하는 '보험에 기반한 모델'이나 여기에서 한발 더 나아가 모성권도 인정하는 모델로서 복지정책의 대상은 노동자 외에 어머니도 해당된다. 가족정책은 이인소득자 모델을 전제하고 성별분업이 도전받는 상황이며 고용정책에서는 양성 모두를 목표로 삼으나 아직 남성에게 우선권이 주어지는 면이 남아있는 상황이다.

(4) 젠더재구조화(*gender reconstruction*) 정책

이 유형은 가부장적 사회구조의 변화를 지향하고 여성의 역할변화뿐만 아니라 남성의 역할변화도 또한 주장하며, 돌봄노동의 사회화와 함께 돌봄노동과 생산노동을 위한 보상의 균등화 등을 주장하는 정책이다(Chamberlayne, 1993 ; 김영란, 2003 참고). 복지제공모델은 시민권에 의해 혜택을 결정하는 '권리에 기반한 모델'로서 복지의 대상은 시민이면 누구나 된다. 가족정책은 가족성원 모두가 소득자·양육자가 되는 모델을 전제로 하고 성별분업은 현저히 약화된다. 고용정책은 양성모두를 목표로 삼는다.

젠더재구조화 정책이 다른 정책과 비교해볼 때 특별히 다른 점은 그

〈표 4-1〉 젠더재구조화에 기반한 정책과 다른 정책과의 비교

	젠더강화적 정책	젠더중립적 정책	젠더인지적 정책	젠더재구조화 정책
평등원리	성특정적 성차별 정책	형식적 성중립적 평등 (같음에 기초한 평등)	형식적 평등원리 +실질적 평등원리(주로 여성 보호입법) 공존 (차이를 인정하는 평등)	형식적 평등원리 + 실질적 평등원리 + 젠더관계 재편
정책방향 (복지제공모델)	잔여적 모델 필요에 의해 결정	보험에 기반한 모델 기여에 의해 결정 (보육서비스, 출산/육아지원)	보험에 기반한 모델 + 일부 권리에 기반한 모델 기여 (노동권) + 모성권에 의해 결정(보육서비스, 출산/육아지원)	권리에 기반한 모델 시민권에 의해 결정 (돌봄노동의 사회화, 모성/부성권의 보장)
행위의 대상	취약계층 (가구)	노동자 (가구)	노동자 + 모성 (가구)	시민 (개인)
가족정책	남성생계부양자 모델 성별분업 경직	2인소득자 모델 성별분업 도전 시작	2인소득자 모델 성별분업 도전	소득자/양육자 모델 돌봄노동의 사회화 성별분업 약화
고용정책	남성에게 우선권	남성에게 우선권 여성도 취업하나 주로 시간제	양성 모두를 목표로 삼으나 남성에게 우선권	양성모두를 목표로 삼음
돌봄의 영역	주로 사적 'baby years'	사적 + 보육 서비스	보육 서비스, 펜션, 보육료 지급	돌봄의 사회화, 강력한 국가개입, 부모휴가(여성의 고용접근성 향상을 위해 남성으로 하여금 가사책임을 맡는 것을 장려한다)
돌봄노동	무급	무급 + 유급	무급 + 유급	유급

특징이 무급노동으로 남아 있는 돌봄노동을 사회화하는 데 있다고 할 수 있다. 젠더중립적 정책과 젠더인지적 정책에서도 보육서비스 제공을 주장하기는 하지만 그것이 돌봄노동의 사회화 또는 돌봄가치로 사회를 재편하는 식으로 보편화하지는 않는 정책이라는 점에서 차이가 있다. 젠더재구조화 정책을 다른 정책들과 비교한 것을 정리한 것이 〈표 4-1〉이다.

4. 실질적 양성평등을 위한 향후과제: 돌봄노동 사회화의 과제

위에서 역동적 균형과 젠더재구조화에 기반한 평등은 무엇인지 또 젠더재구조화에 기반한 정책의 특성은 무엇인지 살펴보았다. 이제 실질적 양성평등을 위해 구체적으로 해야 할 향후과제를 짚어볼 필요가 있다. 이것이 실질적 평등을 위한 구체적 방안을 제시해주기 때문이다.

위에서 지적했듯이 젠더재구조화 정책의 특징은 역동적 균형의 관점에서 남녀간 성별분업의 불균등, 권력의 불균등을 바꾸면서도 사회 전체에 발전의 역동성을 불러오려는 것이다. 보다 구체적으로 젠더재구조화의 정책은 돌봄노동의 사회화라는 제도의 변화를 통해서 여성뿐만 아니라 남성의 역할도 또한 변화시키고 이를 통해 사회의 젠더관계를 재편하려는 것이다.

따라서 이 절에서는 먼저 보육정책의 현황을 살펴보고, 다음으로 실질적 평등을 위한 향후과제 중 가장 중요한 과제인 돌봄노동의 사회화를 위한 과제를 살펴본 다음, 끝으로 돌봄노동의 사회화가 잘 추진될 수 있도록 하기 위해 관련정책들이 어떻게 재편 또는 개선되어야 하는지 검토해보겠다.

1) 보육정책의 현황과 의의

(1) 보육정책의 현황

우리나라에서는 2004년 1월 영유아보육법이 개정되었고 2005년 6월

보육정책이 여성부로 이관되면서 보육과 관련한 정책이 새로운 전기를 맞았다. 고령화 및 미래사회위원회 제2차 육아지원방안을 보면 다음과 같다(2005. 5. 4. 대통령 보고).[4)]

먼저 육아지원정책(2003~2005)의 주요내용을 보면 다음과 같다. 첫째, 보육 유아교육예산을 증액한다(2002년 7,930억 원→2005년 19,733억 원으로 250% 증액). 둘째, 보육재정 지원방식을 개선하여 아동별 지원으로 부분전환한다. 보다 구체적으로 정부지원시설(국공립 법인보육시설)의 인건비지원을 감액해 저소득층 아동의 보육료지원 확대로 재정을 전환한다. 셋째, 보육행정부처를 변경하여 보육업무를 여성부로 이관한다(2004. 6). 넷째, 관련법제정 또는 개정을 통해 제도를 정비한다. 보다 구체적으로 영유아보육법 개정으로 보육서비스의 질적 수준을 제고하고, 유아교육법 제정으로 공교육화를 위한 법적 기반을 마련한다는 것이다.

이러한 육아지원정책 실시로 다음과 같은 주요 성과가 있다고 주장한다. 첫째, 육아지원시설 이용률이 증가했다. 보다 구체적으로 이용아동 수가 2002년 135만 1천 명에서 2005년 154만 7천 명으로, 이용아동비율이 2002년 36.3%에서 2005년 49.0%로 증가했다. 둘째, 보육료 유아교육비 지원대상이 3.3배 증가하였다. 보다 구체적으로 지원아동 수가 2002년 19만 6천 명에서 2005년 57만 1천 명으로, 지원아동비율이 2002년 5.6%에서 2005년 18.8%로 증가하였다. 셋째, 아동별 지원확대에 따라 지원·미지원시설(민간시설)간 보육료격차가 축소되었다. 넷째, 영유아보육법 개정으로 보육교사 1인당 아동 수가 축소되어 보육서비스 질이 개선되었다고 주장된다.

그리고 아직도 미흡한 점으로서 ① 접근성부족, ② 서비스 질적 수준 및 만족도 미흡, ③ 육아비용의 가계부담 및 지원체감도 저조 등이 인정된다.

---

4) 보육정책의 현황에 관한 자료는 한국여성단체연합 지역여성운동센터(2005)에 정리된 내용을 이용한 것이다.

(2) 보육정책의 의의

우리나라의 보육정책은 이제 막 시작하는 단계인 만큼 아직 평가하기에는 이른 감이 있지만 그 의의는 매우 크다고 할 수 있다. 공보육 제공의 의미는 첫째, 정부가 무급노동에 관심을 갖기 시작했다는 의미로서 형식적 양성평등을 넘어 실질적 양성평등으로 나아가는 데 초석이 될 수 있다는 것이다. 둘째, 여성의 개인남성에 대한 의존을 약화시킬 수 있다는 것이다. 물론 여성의 개인남성에 대한 의존을 국가에 대한 의존으로 바꾼 것이라고도 할 수 있지만 그래도 가부장제를 약화시키는 데 후자가 전자보다 낫다고 할 수 있다. 셋째, 돌봄노동의 사회화, 나아가서 돌봄의 가치로 사회를 재편할 수 있는 초석을 다질 수 있다는 것이다.

그러나 보육서비스 제공은 좋은 점만 가진 것이 아니라 약점도 있다. 우선, 보육서비스가 제공된다고 해도 여전히 여성들이 담당한다는 점에서 성별강화로 갈 가능성이 있다는 것이다. 또한 보육이 아동의 교육 쪽에 너무 초점을 두면 여성의 양육부담을 덜어주기보다 오히려 더 많은 부담을 요구할 수 있다는 것이다. 이런 문제들이 보육서비스의 제공을 넘어서 돌봄노동의 사회화로 가야 하는 이유가 될 수 있다.

2) 돌봄노동의 사회화를 위한 과제

실질적 양성평등을 위해서는 보육정책이 보육서비스를 제공하는 데 그치지 않고 돌봄노동의 사회화로 나아가는 것이 중요하다. 여기에서 돌봄노동의 사회화란 돌봄노동이 여성의 책임에서 사회의 책임으로 이동하는 것을 뜻한다. 돌봄노동의 사회화로 나아가는 것이 중요한 것은 왜냐하면 단순히 보육서비스를 제공한다고 해서 여성이 일과 가족에서 평등해지지는 않기 때문이다. 보육서비스를 제공하는 국가들 중에도 성별분업이 아직 강하고 낮은 고용률과 낮은 출산율을 보이는 국가들도 있다(유혜미, 2004). 따라서 단순한 보육서비스 제공을 넘어서서 돌봄노동의 사회화를 통한 젠더재구조화를 이루는 것이 양성평등을 위한 중요한 과제라고 할 수 있다. 여기서는 이런 방향에서 보육정책의 중요한 틀을 이루는 목적, 대상, 내용, 운영주체, 맥락의 면에서 보육정책의 현황을 검토하고 앞으로의 방향과 과제를 제시하겠다.

(1) 여성과 아동의 이해 조정의 과제: 보육정책의 목표

먼저 보육정책의 목적의 면에서 보면, 개정된 영유아보육법의 보호법익에 나타나 있듯이 '영유아의 보호와 육성'을 목적으로 한다고 명시하는데 이는 취약계층의 영유아보호를 넘어서서 모든 영유아로 그 범위를 넓히고 보편화했다는 데 의의가 있다.

그러나 영유아보육법이 개정된 사회적 맥락이 저출산 고령화시대에 여성의 노동참여율을 높이고 출산율을 높이기 위한 것임이 분명함에도 불구하고 이러한 성평등에 대한 전제나 고려는 전혀 언급되어 있지 않다는 것은 아쉽다. 앞으로 이 법이 어떻게 운영되느냐에 따라 친아동 반여성적으로 갈 수 있는 가능성도 있다는 우려를 배제할 수 없다.

현재 보육정책의 숨은 목적에는 ① 여성의 노동권을 지원하는 여성취업의 필요조건으로서의 보육, ② 빈곤여성의 노동권과 모성권을 지원하는 빈곤층에 대한 복지로서의 보육, ③ 빈곤아동의 건강한 성장을 지원하는 초기 아동교육으로서의 보육이 뒤섞여 있다고 할 수 있다. 따라서 앞으로 여성과 아동의 이해를 어떻게 조정해내느냐 하는 것이 중요한 과제이다.

(2) 계층별 연령별 취업모별 보육서비스 접근성확대의 과제: 행위의 대상

현행 영유아보육법은 모든 영유아에 대한 보육을 선언했지만 실제로는 부모인정소득액에 따라서 보육료를 차등지원하는 정책을 시행함으로써 취약계층에 대한 지원을 우선으로 한다. 이것은 예산과 시설 인력 등의 제약으로 인해 피할 수 없는 현상이기는 하지만 보편주의에 못 미치는 아쉬움이 있다. 보육정책이 저출산 고령화시대에 여성의 높은 고용률과 높은 출산율을 숨은 목표로 한다는 것을 고려한다면 취업모에 대한 지원도 우선적으로 고려하고 실시해야 할 것이다.

또한 영유아 연령별로 보육시설 이용실태를 보면 3~6세 아동에 대한 보육서비스는 많으나 0~2세, 특히 0~1세에 대한 보육서비스 이

〈표 4-2〉 자녀 양육실태(1995 ; 1998 ; 2002)(1)

(단위: %)

1995	계	자녀의 부모	가족 친인척	파출부 가정부	유치원 예체능학원	보육시설	기 타
어머니 (보호자)							
취업	100.0	27.5	24.0	2.4	27.5	17.9	0.7
가사	100.0	69.9	3.4	0.1	20.0	6.5	0.2
자 녀							
0~2세	100.0	80.9	12.0	1.3	1.0	4.3	0.4
3~4세	100.0	42.7	9.4	0.5	27.9	16.7	0.5
5~6세	100.0	18.2	7.0	0.3	62.8	12.1	0.3

1998	계	자녀의 부모	가족 친인척	파출부 가정부	유치원	예체능 학원	보육시설	선교원	기 타
어머니 (보호자)									
취업	100.0	24.0	22.1	2.5	19.4	5.5	22.8	2.8	1.1
가사	100.0	54.1	6.7	0.0	20.5	6.7	9.9	1.6	0.6
자 녀									
1세 미만	100.0	88.1	10.1	1.0	0.0	0.0	0.6	0.0	0.1
1~2세	100.0	78.3	13.0	1.2	0.4	0.2	5.9	0.6	0.4
3~4세	100.0	44.4	9.6	0.9	14.4	6.3	20.8	2.8	0.9
5~6세	100.0	16.5	6.1	0.4	46.9	10.0	16.0	3.0	0.9

2002	계	자녀의 부모	가족 친인척	파출부 가정부	유치원	학원	보육시설	집에 그대로둠	기 타
어머니 (보호자)									
취업	100.0	34.6	21.5	1.5	6.9	19.2	10.5	5.8	0.1
가사	100.0	52.0	9.5	0.0	16.0	15.0	2.5	5.1	0.0
자 녀									
1세 미만	100.0	86.4	11.0	0.9	0.2		1.5	0.0	0.0
1~3세	100.0	70.5	15.4	1.2	2.5	0.8	9.3	0.2	0.1
4~6세	100.0	57.7	11.0	0.4	11.0	7.5	11.1	1.3	0.1
7~10세	100.0	56.7	10.4	0.7	1.0	23.7	1.2	6.4	0.0

주: 1) 1995, 1998년 조사는 취학전 자녀, 2002년 조사는 만 10세 이하 자녀를 대상으로 함.

2) 보육시설: 어린이집, 놀이방, 직장내 보육시설 등.

3) 학원: 예체능학원, 태권도학원, 보습학원 등.

4) 기타에 선교원 포함.

자료: 통계청, 《한국의 사회지표》(2001), 통계청, 《사회통계조사보고서》(1999, 2003).

용률은 매우 낮다(〈표 4-2〉). 여성의 경력단절이 출산과 육아로 인한 것임을 고려할 때 0~1세 또는 0~2세 영아에 대한 보육서비스의 중요성은 아무리 강조해도 지나치지 않는다(윤용중·유정아, 2004). 스웨덴, 덴마크 등 북유럽국가들은 0~2세 영아에 대한 보육서비스가 잘 되어 있다. 그리고 1년에 달하는 긴 육아휴직을 줌으로써 원하는 경우에는 아이를 직접 키울 수도 있는 선택을 주었다. 우리는 출산휴가가 90일이고 그나마 연장된 30일은 기업이 부담을 해야 하기 때문에 실제로 육아휴직을 하기가 쉽지 않은 형편이라고 한다.

(3) 보육서비스의 비용 저렴화와 질 향상의 과제: 행위의 내용

다음은 보육서비스의 질과 비용에 관한 문제이다. 비용의 문제는 접근성의 문제와 직결된다. 보육시설이 있다고 해도 보육료가 너무 비싸면 이용하기가 어렵기 때문이다. 선진국의 경우에는 국공립시설 보육률이 높을 뿐만 아니라 국공립 육아시설에서 부모의 보육비 분담률이 6~30% 대로 비교적 낮은 것으로 나타난다(〈표 4-3〉 참조). 우리나라의 경우에는 부모보육비 분담률이 비교적 높은 편으로, 국공립시설의 경우에는 민간보육시설보다 낮지만 그래도 선진국보다는 높은 편이다. 더구나 국공립시설의 보육률 자체가 낮음으로써 국공립시설을 이용할 수 있는 부모비율이 낮다(〈표 4-4〉 참조).

보육서비스의 질은 보육교사의 자질과 능력뿐만 아니라 대우와 작업환경에도 많이 좌우된다. 우리나라의 보육교사에 대한 대우와 작업환경은 아직 열악하다고 할 수 있다. 월급이 적을 뿐 아니라 근무시간이 길다. 뿐만 아니라 2000년부터 보육시설이 급증하고 보육아동이 급증함으로써 갑자기 많은 수의 보육교사가 필요하게 되었다. 보육교사의 양의 문제는 보육교사의 자격을 관련학과 졸업에서 관련과목 이수로 폭을 확대함으로써 어느 정도 해결하게 되었다. 동시에 급증한 보육교사의 질을 담보하기 위해서 인증제 외에 재교육 등 노력이 필요하다.

또한 보육서비스의 질 향상을 위해 보육료 자율화 등의 안이 나오고 있는데 이것은 문제가 있다. 우리의 경우에는 접근성이 중요하고 비용을 저렴화하는 것이 중요한 문제이기 때문이다. 또한 보육서비스를 고

〈표 4-3〉 선진국의 국공립 육아시설 보육률, 부모의 보육비 분담률, 공적지원수준

국 가	국공립육아 시설의 보육률 (연령별)			부모의 보육비 분담률	정부의 보육비용 지원수준
	0~3	3~6	6~10	평 균	평 균
벨기에	30%	95%이상	—	17~30%	**
프랑스	23%	99%	30%	23~28%	**
스웨덴	33%	72%	64%	13%	**
덴마크	48%	82%	62%	27%	**
오스트리아	3%	75%	6%	소득별차등	-
핀란드	21%	53%	5%	15%	**
네덜란드	8%	71%	5%	6~20%	**
영 국	2%	60%	5%	—	*
그리스	3%	70%	5%	—	**
이탈리아	6%	91%	-	10~20%	—

주: * 저소득층 중심 지원.

** 모든 아동의 보육비 지원.

공식 자료 없음.

자료: 한국여성단체연합 지역여성운동센터, "보육 및 학령기 아동의 보호와 교육: 의제의 쟁점과 향후 지역여성운동의 과제", 워크숍 자료집(2005. 8. 25).

객의 수요에 맞춰 다양화하라는 요구도 있고 이를 고객의 선택으로 맡겨두어야 한다는 주장도 있다. 그러나 이것은 보육서비스를 시장의 논리에 맡기자는 주장으로서 공보육의 의의와는 배치되는 것으로 문제가 있다고 할 수 있다.

(4) 보육서비스의 공공화 및 지역연계의 과제: 행위의 주체

보육서비스의 공공화는 접근성확보와 비용저렴화라는 점에서 매우 중요하다. 그러나 우리나라의 경우에 국공립시설은 민간시설의 1/10에도 미치지 못할 정도로 매우 적고 원아 수는 국공립이 민간의 1/6에 미치지 못한다(〈표 4-4〉). 이는 국공립시설이 민간시설에 비해 규모

〈표 4-4〉 운영주체별 보육시설 수 및 이용자 수(1990, 1995, 2000, 2002~2003)

(단위: 개 소, 명)

운영주체	1990	1995	2000	2002	2003	2004
보육시설 수	1,919	9,085	19,276	22,147	24,142	26,903(100.0)
국·공립	360	1,029	1,295	1,330	1,329	1,349(5.0)
민간	39	4,125	11,304	12,679	13,644	14,728(54.7)
직장	20	87	204	199	236	243(0.9)
가정	1,500	3,844	6,473	7,939	8,933	10,583(39.3)
원아 수	48,000	293,747	686,000	800,991	858,345	930,252(100.0)
국·공립	25,000	78,831	99,666	103,351	103,474	107,335(11.5)
민간	1,500	170,412	510,567	597,971	640,545	691,343(74.3)
직장	1,500	2,388	7,807	8,730	10,391	11,787(1.3)
가정	20,000	42,116	67,960	90,939	103,935	119,787(12.9)

자료: 보건복지부, 아동복지과 자료(2004). 여성부 보육통계, 2004. 12.

가 크고 따라서 전반적으로 집에서 비교적 멀리 떨어진 곳에 띄엄띄엄 있다는 뜻이다. 즉 집에서의 거리라는 접근성에서 떨어진다는 뜻이다. 따라서 단기적으로 국공립 보육시설을 확충하고 보육예산을 증액하는 것이 필요하다.

그리고 보육서비스는 각 지역사회별로 추진되어야 하므로 중앙과 지방의 연계가 중요하다. 서구의 경우 재정부담 등으로 보육서비스를 지방정부에 위탁한 경우가 많이 나타나는데 특히 지방정부에서 재정부담을 많이 하는 경우 보육시설에 대한 규제와 관리에 있어서도 지방정부의 목소리가 커짐으로써 점차 기준과 관리를 지방정부의 자율관리에 위탁하는 경향이 나타난다. 이것은 지역의 특수성을 살리고 지방분권화시대에 발맞추는 등 좋은 측면도 있지만 다른 한편 지방정부별로 기준이 달라짐으로 인해 공보육의 비용과 질에 지역별로 차이가 발생한다. 우리나라의 경우도 지방자치단체에 위탁할 수 있도록 되어 있는데 이 경우 어떻게 하면 전국적 기준과 질을 유지하면서 전달체계의 효율성을 기할 수 있는지가 앞으로 중요한 과제가 된다. 어떤 식으로 연계하건 간에 전국적 기준과 품질관리가 필요할 것이다.

(5) 모성이데올로기 극복의 과제: 행위의 맥락

보육시설을 많이 만들어 놓고 보육서비스를 제공하면 일단 접근성이 향상된다는 이점이 있다. 그러나 보육시설을 많이 만들어 놓아도 사람들이 이를 이용하지 않으면 문제가 된다. 보육시설이 있어도 이용하지 않으려는 것은 왜인가? 이것은 한편으로 보육시설의 질에 대한 신뢰가 부족하기 때문이고 다른 편으로는 우리사회에 모성이데올로기가 아직도 팽배해 있기 때문일 것이다. 가끔씩 언론에 보도되는 보육

〈표 4-5〉 영유아보육법 개정 전후의 변화와 돌봄노동 사회화를 위한 과제

	개정 전	개정 후	과제
목적 보호법익	취약계층 영유아 보호	모든 영유아 보호 육성 취약계층 영유아 보호 (숨은 목적: 저출산 고령화 사회에서 국가경쟁력 위한 여성인력활용, 성평등, 아동의 권리)	여성과 아동 이해 조정의 과제
행위의 대상	취약계층 영유아	영유아 일반 (보편주의) + 취약계층 영유아 3~6세 아동 대상 0~2세 아동은 가정 내 보육	계층별 연령별 취업모별 보육서비스 접근성 확대의 과제
행 위	재정: 보호자 부담	재정: 차등지원 인력: 보육교사 자격기준 확대 내용: 보호인가 교육인가?	보육서비스의 질 향상과 비용 저렴화의 과제
행위의 주체	가 족	국가, 시장, 자발적 부문	보육서비스의 공공화 및 지역연계의 과제
맥 락	모성이데올로기 지배적 성별분업 지배적: 남=부양자, 여=양육자	모성이데올로기 지배적 성별분업 지배적: 남=부양자, 여=양육자	모성이데올로기 극복의 과제 역할공유 남=부양자/양육자, 여=부양자/양육자

시설의 영유아학대의 사례는 어린 아이를 보육시설에 맡기는 것을 망설이게 하는 효과가 있다. 나아가 “아이는 역시 어머니가 키워야 한다”라고 하는 모성이데올로기는 보육시설 이용을 꺼리게 하는 효과가 있다. 그리고 이의 뿌리에는 여성이 양육자라는 오래 묵은 성별분업 이데올로기가 있다.

모성이데올로기의 극복을 위해서는 보육서비스의 질을 향상시키는 것이 기본적으로 필요하다. 보육서비스의 질향상은 무엇보다도 보육서비스 프로그램과 교육내용을 풍부히 하는 것과 관련이 있다. 보육서비스의 프로그램과 내용과 질이 향상되면 보육시설과 고객 간에 신뢰를 형성할 수 있을 것이고 모성이데올로기도 극복할 수 있을 것이다.

위에서 논의한 돌봄노동의 사회화를 위한 다섯 과제들을 정리한 것이 〈표 4-5〉이다.

3) 일 가정 양립 프로그램 및 관련정책 재편의 과제

보육정책을 아무리 잘 만들어 놓아도 보육정책 단독으로는 소기의 효과를 제대로 내기가 어렵다. 보육문제는 고용문제 및 가족문제와 연계되어 있고 따라서 보육정책이 제대로 추진되기 위해서는 관련되는 고용정책과 가족정책도 연동되어 추진되어야 한다. 특히 보육정책의 목적이 단순히 영유아의 보호에만 목적이 있는 것이 아니고 여성의 고용 확대와 출산율증가를 통한 사회전체의 발전에 있다면 더더욱 그러하다.

우선 일과 가정을 양립할 수 있는 프로그램을 확대하는 것이 무엇보다도 중요하다. 현재 출산휴가는 90일로 되어 있는데 이를 개선할 필요가 있다. 첫 번째 안은 출산휴가를 그대로 두고 0~2세 영아에 대한 보육서비스를 확대하는 것이다. 위에서 본 바와 같이 우리나라에서 0~2세 영아에 대한 보육서비스는 매우 취약하다. 일과 가정의 양립을 위해서는 0~2세 영아에 대한 보육서비스를 확대하는 것이 중요하다. 두 번째 안은 육아휴직을 1년으로 길게 해주고 그 기간중 일부는 반드시 아버지가 육아휴직을 하도록 하는 방식이다. 첫 번째 방식은 덴마크에서 취하는 방식이고 두 번째 방식은 스웨덴에서 취하는 방식이다

(Mahon, 2002). 사회전반적 발전이라는 면에서 보면 스웨덴보다 덴마크의 경우가 더 생산성이 높고 활발하다는 평가가 있으니 정책결정에 참고할 수 있을 것이다.

가족정책과 관련해서는 현재 강한 남성생계부양자 모델에 기반해 가구중심으로 되어 있는 각종 보험, 연금 등 복지정책을 변화시킬 필요가 있다. 여기에도 역시 두 가지 방안이 있다. 하나는 남성생계부양자 모델의 쇠퇴와 맞벌이부부의 증가에 따라 평등가족을 지원하고, 모든 여성을 노동시장에 참여시킴으로써 노동자로서 보험이나 연금혜택을 확대시키는 방법이다. 다른 하나는 시민권에 기반하여 일하는 국민에게는 노동자로서, 일하지 않는 국민에게는 부모로서의 권리를 인정하여 복지혜택을 제공하는 것이다. 즉 남성과 여성 모두에게 노동권과 부모권을 인정하는 것이다. 후자는 보다 근본적 변화가 필요한 것이고 전자는 여

〈표 4-6〉 돌봄노동의 사회화를 위한 관련 정책재편의 과제

	현 재	과 제
일 가정 양립 프로그램	출산휴가 90일	① 0~2세 영아에 대한 보육서비스 확대 ② 육아휴직 연장 및 부 필수기간 두기 아니면
가족정책	복지정책의 단위: 가구/가족 강한부양자 모델	① 평등가족 지원 모든 여성의 노동자화를 통한 복지혜택 확대 ② 모든 시민에게 복지혜택 확대, 복지의 단위: 개인(부부간 단일), 개인모델
고용정책	남성에게 우선권 노동시장의 성차별 규제 미약 보살핌노동: 무보수	노동시장의 성차별 규제강화 양성모두를 목표로(여성을 노동자로 가정) 보살핌노동: 유보수
문화 교육정책	성별분업 이데올로기 강화 또는 방치	양성평등 이념 확산 및 성별분업 이데올로기 약화를 위한 정책

성의 고용확대를 통하여 가능한 것이므로 전자가 더 현실적일 것 같다.

고용정책과 관련해서는 현재 노동시장에서 남성에게 우선권을 주는 정책을 지속하고 있으며 노동시장의 성차별규제가 미약한 실정이다. 이에 대한 대안으로서는 우선 노동시장의 성차별에 대해 새롭게 재규정하고 규제를 강화해야 한다(김영옥 외, 2004). 그리고 보다 근본적으로 노동시장이 양성 모두를 목표로 삼아야 한다. 즉 여성을 노동자로 가정해야 한다는 것이다.

성별분업 이데올로기, 모성이데올로기 문제와 관련해서는 양성평등 이념확산 및 성별분업 이데올로기 약화를 위한 문화교육정책을 펴야 할 것이다. 이것은 실질적 불평등의 요인이 되는 법과 현실의 괴리, 제도와 의식의 부정합성을 메우기 위해 매우 중요한 것으로 실질적 평등을 위해 반드시 필요하다. 따라서 이를 위한 범정부적 노력이 필요하다. 위의 내용을 정리한 것이 〈표 4-6〉이다.

5. 요약 및 결론: 양성평등을 어떻게 달성할 것인가?

이 글에서는 여성정책의 성과에도 불구하고 왜 다시 양성평등 문제를 다루어야 하는지 논하고, 이런 맥락에서 '첫째, 여성불평등의 현실은 어떠하며 문제는 무엇인가?', '둘째, 어떤 양성평등을 추구해야 하나?', '셋째, 실질적 평등 달성을 위한 향후과제는 무엇인가?'의 세 가지 연구질문을 던졌다. 첫 번째 질문과 관련해서는 형식적 평등과 실질적 평등 사이에 괴리가 있다는 것을 노동시장과 가족 내에서의 성차별과 문제를 중심으로 지적하였다. 두 번째 질문과 관련해서는 역동적 균형과 젠더재구조화에 입각한 양성평등을 제시하였다. 세 번째 질문과 관련해서는 실질적 평등을 달성하기 위한 구체적 과제로서 돌봄노동 사회화를 통한 젠더재구조화의 과제를 다루었다.

그러면 실질적 양성평등을 달성하기 위해서는 어떻게 해야 하나? 필자는 한편으로 제도적 차원의 변화와 다른 편으로 의식과 역할의 변화가 중요함을 다시 한번 강조하는 것으로 결론을 맺고자 한다.

1) 국가와 여성의 관계 재설정해야

제도의 변화와 관련해서는 정책을 담당하는 국가의 역할이 매우 크며 국가의 의지가 중요하다는 것을 다시 한번 강조해야겠다. 특히 국가의 여성에 대한 가정이 중요한데, 이제 세계화, 저출산 고령화시대를 맞아 국가가 여성을 아내와 어머니로 보는 데서 벗어나 노동자, 나아가 시민으로 보는 것이 필요하다. 이러한 가정이 모든 제도적 변화의 바탕이 되기 때문이다.

또한 국가와 여성의 관계를 새로이 설정해야 한다. 여성을 동원의 대상이 아니라 주체로 인정해야 한다. 최근 이혼율이 급증하고 출산율이 저하하는 현상들은 많은 사람들에게 가족의 위기를 피부로 느끼게 만들었다. 국가는 이에 대한 해결책으로 여성들의 의지나 선택과는 동떨어지는 결혼장려나 출산장려정책을 펴서는 안 된다. 여성들이 고출산을 선택할 수 있는 환경을 만들어주는 정책을 펴야 한다.

또한 우리는 많은 선진국가에서 '남녀평등'을 그 자체로 독립적 정책목표로 삼는다는 것을 주목해야 한다. 남녀평등이 혹시 초래할 수 있는 혼란과 부작용에 대해 미리 우려하기보다는, 남녀평등 그 자체를 추구해야 할 독립적 가치로 인정하는 사회일수록 인권이 존중되는 민주국가인 것이다. 즉 '남녀평등이 무엇을 위한 것인가'를 물을 것이 아니라, '남녀평등을 위해 무엇이 필요한가'를 묻는 것이 선진 여성정책의 지배적 흐름이다. 이 글에서는 남성들을 설득하기 위해서 역동적 균형에서 제시한 것처럼 의도적으로 "남녀평등이 나라의 발전을 위해 도움이 된다"는 논지를 폈지만 말이다.

2) 남성의 역할변화를 통한 젠더재구조화를 이루어야

의식과 역할의 변화와 관련해서는 여성뿐만 아니라 남성의 의식과 역할을 바꾸는 것이 매우 중요하다는 것을 강조하고 싶다.

이제 한국여성들은 더 이상 사적 가정에 머무르지 않으며, 세계화·정보화·지방화의 흐름에 이미 노출되어 있다. 남녀평등은 삼척동자도 아는 것이 되었으며, 자신의 이익을 지키기 위해 법적·제도적 개선을 요구하는 여성의 목소리가 하루가 다르게 높아졌다. 변하지 않은 것은 남성들이다. 이제는 남성들의 의식과 역할을 변화시켜야 한다. 이를 위해서는 전제조건으로서 먼저 제도의 변화가 있어야 한다. 돌봄노동의 사회화가 그 단적인 예이다. 돌봄노동의 사회화를 제도화시켜놓는다면 남성들의 의식과 역할은 이에 따라 자연히 변하게 될 것이다. 스웨덴의 경우 남자들의 의식이 많이 바뀌었다는 연구(Bjornberg, 1998)가 이를 뒷받침한다.

공보육을 제공하는 정책을 한다고 해서 이것이 반드시 여성의 노동시장 참여를 장려하거나 여성에게 직장과 가정의 양립을 지원하기 위한 것이 아닐 수 있다. 보육이 발달해도 양성평등에 기여하지 않을 수도 있다. 이탈리아나 독일의 경우 공보육의 발전에도 불구하고 성별분업은 완강하고 여성의 노동시장 참여율은 저조하며 출산율도 저조하다(Mahon, 2002). 초등학교 공교육이 어머니에게 부담을 주는 것처럼 공보육이 오히려 여성에게 부담을 높일 수도 있다. 따라서 '무엇을 위한 보육인가?' 하는 목표를 늘 잊지 말아야 한다. 출산율제고를 위한 것인가? 아동의 보호와 육성을 위한 것인가? 성평등을 위한 것인가? 보육서비스의 접근성확대, 질 향상, 비용저렴화, 모두 다 좋은 것이지만 그것이 양성평등에 어떻게 기여하는가가 중요하다는 것이다. 또한 보육정책으로 만족할 것이 아니라 돌봄노동의 사회화로 나아가야 하고 궁극적으로는 성별분업이 해체되어 남성 여성 모두가 노동자이면서 양육자가 되어 돌봄의 가치로 사회가 재편되도록 해야 할 것이다. 그것이 우리가 원하는 실질적 평등, 즉 젠더재구조화를 통한 양성평등을 이룰 수 있는 길일 것이다.

■ 참고문헌

김경희(2005), "여성정책 관점의 재구성을 위한 시론적 연구: 여성발전론과 성주류화 개념의 이해를 중심으로", 《한국여성학》 21권 2호.

김숙자(2003), "보육정책의 성과 및 향후추진계획", 《여성정책포럼》 2003년 가을호.

김영란(2003), "한국의 여성운동과 여성복지정책의 변화", 《한국사회학》 제 37집 3호.

김영옥 · 김경희(2004), "여성노동정책의 한계와 새 패러다임 모색", 《한국여성정책의 뉴 패러다임 정립》, 여성부 연구보고서.

김종해(2005), "보육정책 이관, 변화와 과제", 보육정책 1년 토론회 자료집(2005. 6. 14).

김혜경(2005), "참여정부하 가족정책의 성격과 돌봄노동의 사회화 과제", 한국여성단체연합, 한국가족사회복지학회, "저출산과 가족정책, 새로운 출구를 찾자" 2005. 8. 31(서울 YWCA 4층 강당).

______(2004), "보살핌노동의 정책화를 둘러싼 여성주의적 쟁점: '경제적 보상'을 중심으로", 《한국여성학》 20권 2호.

남인순(2005), "여성부 보육정책 1년: 여성계의 기대와 평가를 중심으로", 보육정책 1년 토론회 자료집(2005. 6. 14).

변화순(2005), "가족정책의 현안과 향후과제", 《여성정책포럼》 2005년 봄호.

변화순 · 최윤정(2004), "가족정책방향 정립 및 통합적 시행방안 연구", 한국여성개발원 연구보고서.

손승영(2005), "한국사회 저출산 원인과 가족친화적 정책대안", 《가족과 문화》 17집 2호, 한국가족학회.

심영희(1999), "21세기 새로운 환경에서의 여성", 《사회과학논총》 20집.

______(2005), "탈가부장적 주류화 성정책의 모색: 성폭력 및 성매매 정책을 중심으로", 심영희 외, 《한국 젠더정치와 여성정책》, 서울: 나남출판.

심영희 외(2002), 《함께 이루는 남녀평등》, 서울: 나남출판.

양현아(2005), "여성주의 정책으로서의 한국가족정책의 원리 모색", 한국의 양성평등적 여성정책 모델의 개발을 위한 연구: 한국 및 국제간 비교연구를 중심으로, 학진 연구결과보고서.

여성부(2002), "2003~2007 제2차 여성정책기본계획".

여성부(2005), "보육실태조사".

유경희(2005), "가족정책의 새로운 패러다임", 《여성정책포럼》 2005년 봄호.
유혜미(2003), "아동양육정책의 재편과 시민권의 변화", 《페미니즘 연구》 3호, 한국여성연구소.
유혜미(2004), "이탈리아 보육정책의 역설", 성과 차이의 정치학, 한국여성학회 추계학술대회(2004. 11).
유희정(2005), "통합적 보육시스템 구축방안", 《여성정책포럼》 2005년 봄호.
유희정·강정희(2003), "민간보육시설의 공공성 강화방안 연구", 한국여성개발원 연구보고서.
윤용중·유정아(2004), "보육정책과 보육재정", 한국여성학회 추계학술대회(2004. 11).
이재경 외(2004), "저출산 대책연구", 고령화 및 미래사회위원회 연구보고서.
이재경(2004), "공사영역의 변화와 '가족'을 넘어서는 가족정책", 한국여성정책의 뉴 패러다임 정립, 여성부.
이혜경(2004), "21세기 복지국가 재편과 여성: 탈가부장적, 다원주의적 사회투자모형을 향하여", 한국여성정책의 뉴 패러다임 정립, 여성부.
장지연(2004), "일 가족 양립 정책의 방향", 한국여성단체연합, "'일 가정 양립을 위한 가족정책방향' 마련을 위한 전문가 간담회"(2004. 8. 19), 사학연금관리공단.
______(2005) "'저출산대책' 기본방향에 대한 검토", 한국여성단체연합, 한국가족사회복지학회, 저출산과 가족정책, 새로운 출구를 찾자(2005. 8. 31), 서울YWCA 4층 강당.
장혜경 외(2004), "저출산시대 여성과 국가대응전략", 한국여성개발원 연구보고서.
쿨라빅 외(2000), 한국여성정책연구회 역, 《복지국가와 여성정책》, 서울: 새물결.
최성지(2005), "2005년 여성부의 보육정책", 《여성정책포럼》 2005년 봄호.
통계청(2004), 《인구동태통계연보》.
한국여성개발원(2004), 《여성통계연보》.
한국여성단체연합 지역여성운동센터(2005), "보육 및 학령기 아동의 보호와 교육, 워크숍 자료집"(2005. 8. 25).
허라금(2005), "성주류화 패러다임의 모색: '발전'에서 '보살핌'으로, 《한국여성학》 21권 1호.

Bjornberg, Ulla(1998), "Family Orientation Among Men: A Process of

Change in Sweden", in Eileen Drew, Ruth E. and Evelyn Mahon (eds.) *Women, Work and the Family in Europe*, London: Routledge.

Chamberlayne, Prue (1993), "Women and the State: Changes in Roles and Rights in France, West Germany, Italy and Britain, 1970~1990", in Jane Lewis (ed.), *Women and Social Policies in Europe: Work, Family and the State*, Hants, England: Edward Elgar Publishing Co.

Chung, Kyungbae (2002), "Generative Balanced Model of Welfare", in Kyungbae Chung (ed.), *International Symposium for Sharing Productive Welfare Experience*, Korea Institute for Health and Social Affairs.

Crompton, Rosemary (1999), "The Decline of the Male Breadwinner: Explanations and Interpretations", in Jane Lewis (ed.) *Restructuring Gender Relations and Employment: The Decline of the Male Breadwinner*, Oxford: Oxford University Press.

Crompton, Rosemary (ed.) (1999), *Restructuring Gender Relations and Employment: The Decline of the Male Breadwinner*, Oxford: Oxford University Press.

Lewis, Jane (1993), "Introduction: Women, Work, Family and Social Policies in Europe", in Jane Lewis (ed.), *Women and Social Policies in Europe: Work, Family and the State*, Hants, England: Edward Elgar Publishing Co.

Mahon, Rianne (2002), "Gender and Welfare State Restructuring: Through the Lens of Child Care", in Michel, Sonya and Rianne Mahon, *Child Care Policy at the Crossroads: Gender and Welfare State Restructuring*, New York: Routledge.

Mazur, Amy (2002), *Theorizing Feminist Policy*, Oxford University Press.

Michel, Sonya and Rianne Mahon (2002), *Child Care Policy at the Crossroads: Gender and Welfare State Restructuring*, New York: Routledge.

Sainsbury, Diane (1994), "Women's and Men's Social Rights: Gendering Dimensions of Welfare States, in Diane Sainsbury (ed.), *Gendering Welfare States*, London: Sage.

5 한국사회 균열구조와 생산적 제3의 길

한상진

1941년 2월 1일, 중국 중경에서 발행된 《광복》 창간호에는 김구 선생 이름으로 나온 호소문이 실려 있다. 그 가운데 우리의 관심을 끄는 것은 '중심이론'의 부재를 반성하는 대목이다. 광복운동에 '중심이론'이 없어서 "혹은 좌로, 혹은 우로 방황하고" 있으며, "외국에서 직수입한 사상을 있는 그대로 추호도 가감 없이 우리역사에 적용하여 정치적 경제적 특수조건을 망각한 편견적 좌경주의"가 득세하는가 하면, 반대로 "세계대세와 국내현실의 모든 실질적 사상을 무시하는 퇴보적 완고주의"가 있고 이들이 "서로 뒤섞이어 혼돈상태를 이룬 위에 또한 망국적 근성인 지방열 혹은 지위명예 등 야욕에 지배된 봉건적 사상까지 더하게 되어" 우리민족의 중심을 잡기가 어렵다는 개탄과 진단이 나온다.

이것이 어찌 지나간 과거의 현상일 뿐이겠는가? 지극히 비생산적이고 분열적인 이념갈등이 분출하는 오늘의 현실을 보면서 이런 양극화의 어느 쪽도 지지하기 힘든 양식을 갖춘 많은 국민들은 광복60년의 많은 성취에도 불구하고 사회균열의 심각성에 의아스럽고 불안한 느낌을 갖지 않을 수 없을 것 같다.

이런 배경에서 이 책은 사회통합의 길을 모색하려는 것이다. 광복60년의 의미를 역동적 균형으로 보고, 그 다양한 의미를 탐색하려는 4권의 책 가운데 이 책은 사회균열의 구조 안에서 그 폐해를 넘어서는 '생산적' 제3의 길을 어떻게 열 것인가의 문제의식을 공유한다고 할 수 있다. 이것은 나름의 사상의 중심, 정책의 중심, 국가운영의 중심을 요구한다. 자신의 터전 위에서 사회통합의 새로운 중심을 만들려는 주체적인 비전을 요구한다. 빈부격차의 균열, 노사간의 긴장, 수도권과 지방 사이의 간격, 남녀 간의 갈등은 사회통합의 길에서 우리가 심각하게 대면하지 않을 수 없는 문제들이다. 이 책에 실린 글들은 각기 우리 현실을 이루는 균열의 양상을 분석하고 사회통합의 조건과 길을 모색하려는 것이다. 이런 노력이야말로 앞서 김구 선생이 개탄했던 중심이론의 부재를 극복하고 새로운 통합의 길로 나아가는 데 필수불가결한 것이다.

이런 전체의 문제의식을 앞에 두고 필자의 글은 다음과 같은 순서로 이루어질 것이다. ① 우선 문제를 보는 기본시각을 간략히 스케치할 것이다. ② 그 뒤 사회균열의 구조를 두 차원으로 잡아 사회경제적 양극화추세와 함께 정치사회적 이념갈등의 양상을 제시한 후, ③ 이 문제의 해결을 위한 두 가지 거시적 조건을 살펴보고자 한다. 이 거시적 조건은 구체적 정책과는 다른 차원의 것으로서 체제운영의 근본적 변화를 요구하는 패러다임에 관한 것이다. 그 뒤를 이어 ④ 한국 시민사회의 변동양상을 분석할 것이며, ⑤ 성공적인 제3의 길의 조건을 살펴볼 것이다. 이로부터 나아가 ⑥ 객관적 조건으로만 보자면 우리가 능히 '중심화'의 방향으로 나갈 수 있음에도 불구하고 왜 그 반대인 '양극화'의 방향으로 가는가를 살펴볼 것이다. 이런 논의에 기초하여 ⑦ 마지막으로 '생산적' 제3의 길의 정책아젠다와 효과에 관하여 논할 것이다.

1. 문제의 근원: 사회균열과 기득권

사회균열은 사회통합의 반대개념이다. 어느 시대, 어느 사회에나 균열은 있기 마련이다. 균열은 선과 악의 문제가 아니다. 균열이 있다고 해서 무조건 나쁜 것이라고 할 수도 없다. 현실적 문제는 어떤 유형의 균열이 어느 정도 작용하느냐의 것이고, 균열을 넘어 통합의 방향으로 나갈 수 있는 능력이 우리에게 있느냐 없느냐의 것이다. 이 능력에 따라 역사는 달라진다.

그러나 ① 양극화의 균열이 장기간 지속될 가능성이 클 때, ② 구조적 원인들이 중첩작용하여 균열의 추세를 유지시킬 때, ③ 이를 극복하는 정책수단이 매우 제한되어 있고 특별한 조건이 충족될 때 비로소 가능한 것처럼 보일 때 우리는 마땅히 우리에게 익숙한 통상적 패러다임을 넘어 비상한 관심으로 해결방안을 논해야 할 것이다.

사회경제적 양극화가 '세계화'의 논리에 엇물려 심화된다고 하자. 일부부유층이 늘면서 절대적, 상대적 빈곤에 빠지는 집단이 커지는 것은 우리나라도 예외가 아니다. 그러나 세계화라는 거시적 요인이 '직접' 사회경제적 배제를 결정하는 몫이 어느 정도 큰가는 주의 깊은 분석이 필요하다. 세계의 단위에서 행사되는 모든 거시적 요인은 항상 국내의 정치적, 경제적 또는 토착적 요인들에 매개되어 우리의 생활 속에 거대한 미시적 영향을 미치기 때문이다. 우리의 경우를 보면, 세계화라는 구조적 세팅 위에서 재벌을 중심으로 한 기업의 경영전략, 대기업 중심으로 조직된 노조의 내부자 이익방어전략, 정부 경제부처의 신자유주의정책, 지식인과 미디어의 시장중심 이데올로기 등이 긴밀히 결합하여 상대적으로 힘이 있는 집단의 기득권은 보호되는 반면, 많은 힘이 없는 대중의 삶은 갈수록 고달파지는 사회경제적 양극화가 심화된다고 할 수 있다.

이처럼 외부와 내부, 거시구조와 행위주체, 사회균열과 기득권의 '삼투'(*imbededness*) 관계 속에서 양극화가 심화된다고 할 때, 이것은 단순히 정부 혼자의 힘으로, 또는 기업의 발전에 의하여 해결할 수 있는 문제는 아니다. 반대로 기존의 국가운영방식을 넘어서는 새로운 체제모델이 필요하다고 할 수 있다. 비토권력이 센 집단들이 자신의 단기적 기득권에 집착하는 것이 아니라 사회전체의 윈윈게임을 위하여 사회협력체계를 만드는 일에 동참할 때, 그리하여 단기적 이익을 상쇄할 수 있는 중장기적 전망을 가지고 생산적 시너지효과를 낼 수 있을 때 비로소 양극화의 극복은 가능해지는 문제이다.

반대로, 만일 기존의 사회균열을 치유하기보다 이를 활용함으로써 자신의 기득권이나 영향력을 확대할 수 있다고 판단하는 집단이 제로섬의 권력투쟁을 선호한다면, 그것도 우발적이 아니라 오랜 경험 속에서 길러진 흑백감정의 본능적 체질과 감각으로 그렇게 한다면, 양극화의 추세는 더 심화될 가능성이 크다. 이들은 말로는 국민통합, 사회통합을 내걸지만, 문제의 책임을 상대방에게 돌리면서, 사실은 김구 선생이 강조했던 '중심이론'을 돕기보다 허약하게 만드는 서로 닮은 거울상일 뿐이다.[1)]

그러나 역설적으로 희망이 없는 것은 아니다. 현재의 팽팽한 긴장이 상당히 단단한 구조적 근거를 가진 것처럼 보이기 때문이다. 그렇다면 완승을 지향하는 대결은 진보의 것이건, 보수의 것이건 간에, 시대의 의미를 잘못 읽는 것이다. 불필요한 긴장, 희생, 낭비를 강요할 뿐이다. 아무리 오래된 습관에 닻을 내린다고 하여도 이런 대결의 풍조는 시대의 흐름에 뒤진 것이다.

그 대신 우리에게 필요한 것은 완승이 아닌 상호공존, 상생의 길을 찾는 것이다. 치밀한 응시로 사회균열의 결과를 이해하고 우리 안에 이미 성장한 중심세력을 기반으로 삼아 새로운 발전의 길, 보다 통합된 사회, 보다 민주화된 사회를 만드는 과제가 우리 앞에 놓여 있다. 이 글은 이런 통합의 길이 실현 불가능한 유토피아가 아니라 실현가능한 대안으로 떠오르고 있으며, 이것을 '생산적' 제 3의 길로 제안하려는 것이다.

2. 사회경제적 양극화의 추세

양극화는 두 차원으로 나누어볼 수 있다. 하나는 사회경제적 양극화 추세이고 다른 하나는 정치사회적 이념갈등이다. 사회경제적 양극화의 한 축은 IMF 구조조정 이래 신자유주의적 경제운영의 결과로 인해

1) 이런 관찰이 암시하는 것은 엄청난 구조적 격변기에 우리가 살고 있다는 것이다. 단순히 누가 정치권력을 장악하는가의 문제만이 아니다. 의사소통, 문화, 취향, 일상생활의 섹슈얼리티에 이르기까지 여러 부문에서 지각변동이 일고 있으며, 진보와 보수의 갈등은 이 복합성의 한 차원일 뿐이다.

소수부유층의 수입과 재산이 크게 늘었다는 것이다. 이것은 경험과 이치로 분명하나 깔끔한 자료를 제시하기는 상대적으로 쉽지 않다. 불평등지수인 지니계수가 1998년 이래 계속 증가했다는 점,[2] 최하소득집단과 최상소득집단 사이의 격차가 현저히 벌어졌다는 점[3] 등을 들 수 있다. 그러나 경험적으로 보면, IMF 구조조정 과정에서 이득을 본 집단이 분명히 있고, CEO 등 고소득집단이 있는 것도 사실이며, 소비여가 등의 면에서 취향이 국제화된 집단도 늘었고, 서울 강남 초고층 주상복합아파트 등의 값이 크게 뛰어오른 점 등에서 단편적이지만 부유층의 어떤 면모를 감지할 수 있을 것 같다.

양극화의 추세에서 심각한 것은 빈곤층 또는 근로빈곤층이 증가하는 데 있다. 특히 노동의 양극화에 관한 자료는 분명하다. 대기업과 중소기업 간의 격차가 벌어지는 현상, 그리고 고용형태에 따른 격차도 크게 증가하는 현상이 단적인 보기이다.

중소기업(종업원 5~299인 기준)은 2003년 현재 전 산업 기업체의 99.8%를 차지한다.[4] 이 비율은 지난 10여 년간 별 차이가 없다. 그러나 종업원 수는 1993년 전체산업 종업원의 68.9%에서 2003년에는 87.0%로 증가했다. 대기업과는 달리 중소기업에서 고용이 늘었다는 것이다. 그러나 대기업과 비교해서 중소기업의 임금수준은 1993년 73.5%였으나, 2003년에는 62.2%로 줄었다. 1인당 부가가치의 비율도 45.7%에서 32.2%로 줄었다. 대기업과 중소기업 사이의 하청관계를 고려할 때, 중소기업의 희생 위에 대기업이 발전하고 있음을 보여주는 대목이다. 중소기업 300만 개 가운데 그 대부분(234만 개)은 비제조업 5인 미만 업체이고, 이 부문 종업원의 실상은 위의 평균보다 더욱 열악할 것으로 추정된다.

---

2) 1990~1997년의 평균치 0.286으로부터 1998~2003년의 평균치는 0.315로 증가했음.

3) 소득 5분위배율이 1990~1997년 평균치 4.48배에서 1998~2003년의 평균배율은 5.33배로 증가했음.

4) 이하의 중소기업 관련자료는 조영삼, "중소기업의 발전조건과 정책: 새로운 사회적 합의의 필요성과 과제", 광복60년 기념종합학술포럼, 제2차 포럼 "새로운 성장 동력과 균형발전", 2005년 11월에서 취한 것임.

여기에 고용형태별 격차를 더하면 양극화의 추세는 더욱 분명해진다. 최근 재경부의 발표에 의하면, 우리나라 저소득층(빈곤층과 차상위층) 가운데 약 34%는 취업한 상태에 있는데, 이들을 고용형태별로 보면 상용직의 9.0%, 임시직의 28.2%, 일용직의 62.8%가 이들에 속한다.[5] 임시일용직은 1996년 경제활동인구의 43.2%였으나 2003년에는 49.5%로 늘었다. 그런데 기업규모별로 보면, 2003년 현재 임시일용직은 종업원 100인 이상 사업체의 경우 6.5%에 불과하나 30인 미만 사업체에서는 무려 81.5%가 이에 속한다. 즉, 규모가 작은 중소기업에 임시직, 일용직이 많고 바로 여기에 근로빈곤층이 많이 밀집해 있다는 뜻이다.

전체적으로 보자면, 우리의 현실은 실질 GDP 성장률이 하락하면서 실업률이 증가하거나 최소한 줄지 않는 가운데 근로빈곤층이 늘었다는 것이 특징이다. 임시직, 일용직, 비정규직의 증가로 특징되는 일자리의 양극화가 진행되면서 고용불안, 적은 임금,[6] 사회보험제도로부터의 배제(연금, 산업재해, 고용보험) 등으로 인해[7] 근로빈곤층이 늘고 있다. 1999~2003년 기간중 대기업은 95만 명의 고용을 줄인 반면, 중소기업에서는 282만 명의 고용이 증가된 것으로 나온다. 이것은 대기업보다 중소기업이 고용기회에 적극적임을 뜻한다. 그러나 그 내막을 보면 1~29인 미만의 영세업체에서 가장 현저한 고용증가가 있었음을 감안할 때, 앞서 지적한 열악한 조건의 근로빈곤층이 비정규직의 형태로 형성되었다고 할 수 있다.

한편, 노동양극화에 관련된 한 변수로서 노동조합의 위상과 역할을 보자면, 2003년 말 현재 종업원 300인 이상 대기업 노동자의 69.0%가 노조에 가입한 반면, 300인 미만 중소기업의 경우 오직 2.8%만이

5) 저소득층의 대다수는 실업자이거나 비경제활동인구다. 따라서 이들 실업자(8.7%)와 비경제활동인구(57.2%)를 노동시장으로 흡인하는 생산적 정책이 필요하다.

6) 저임금을 풀타임 상용직근로자 중위임금의 2/3이하로 규정하면 전체노동자의 47.9%가 이에 속하며, 노동자 중위임금 2/3이하로 규정하면 전체의 25.9%가 이에 속한다.

7) 이것은 특히 종업원 5인 미만의 영세업체의 경우에 심각하다. 한 보기로 고용보험의 경우 2003년 현재 종업원 5인 이상 업체의 경우, 상용직의 69.2%, 임시일용직의 39.8%가 보험의 혜택을 받는 데 반해, 5인 미만의 경우에는 상용직의 오직 9.8%, 임시일용직의 3.1%만이 혜택을 받는다.

가입한 것으로 나온다.[8] 고용형태로 보면 정규직의 24.3%, 비정규직의 3.1%를 대변한다. 중소기업 노동자가 2003년 현재 전체노동자의 87.0%임을 감안할 때, 전체조직화의 비율은 매우 낮다고 할 수 있다. 이런 상황에서 노동조합은 구조조정과정에서 우선 내부자를 보호하는 정책을 써왔다. 이것은 조직화되지 않은 열악한 조건의 방대한 노동자들을 외부자로 취급하는 결과를 가져온 셈이다. 또 자료를 보면, 대기업의 상용직을 제외하면 어디서나 노동조합에 가입한 노동자의 임금수준이 의미 있게 높은 것으로 나왔다.

이렇게 볼 때, 정부 경제부처가 주도한 구조조정정책, 고용과 해고의 신축성을 높이려는 기업의 경영전략, 내부자보호를 우선한 노조의 대응방식 등이 세계화의 추세에 엇물려 작용하면서, ① 기업으로서는 단기적 수익극대화 전략을 쓰게 하고 ② 임시직, 일용직 같은 비정규직을 대거 양산했으며, ③ 이들의 급여몫을 더욱 쥐어짜는 방식으로 대기업이 운영됨으로써, ④ 이런 결과들이 모여 사회경제적 양극화현상이 심화되었다는 해석을 가능하게 한다.

3. 정치사회적 양극화의 추세

사회경제적 양극화는 앞으로 장기간 지속할 가능성이 있다는 점에서 우리의 경각심을 끈다. 양극화는 흔히 주장하듯이 세계화 또는 신자유주의 시장논리의 단순하고 직접적인 결과라기보다는 우리 내부의 힘의 관계, 즉 정부, 기업, 노조, 언론, 이익집단 등의 합작품이고 이들이 향유하는 기득권의 상호작용이 만든 '총체적 산물'이기 때문이다. 이런 기득권의 상호작용을 넘어서는 새로운 체제의 모델이 사회협약과 같은 것으로 구체화되어야 하는데, 이것이 쉽지 않다는 점에서 밝은 미래전망을 갖기가 쉽지 않다.

---

8) 이하의 자료는 이병훈, "노동 양극화의 문제진단과 정책과제", 제 46회 참여사회 포럼 주제발표문, 2005년 5월에서 얻은 것임.

다른 한편, 정치사회적 양극화도 관심을 끄는 문제이다. 이념갈등도 중요한 부분이다. 여기서 이념이란 좁은 의미의 좌파나 우파, 또는 진보와 보수만을 뜻하는 것이 아니라 분출하는 다양한 갈등의 축을 따라 우리나라가 어디로 가야 하는가의 기본방향을 둘러싼 넓은 의미의 이념, 가치, 신념, 그리고 이를 떠받드는 이익을 가리킨다.

우리가 오랫동안 이념과잉의 시대를 살았다는 것은 의문의 여지가 없는 듯이 보인다. 조선조를 휩쓸었던 명분론이 보기이고 정통성에 대한 과도한 집착이 모든 다른 견해를 이단으로 단죄했던 전통이 일제 식민지시대를 거쳐 남북분단의 현실에서 더욱 강화된 것도 부정할 수 없다. 이런 과정에서 우리는 현실적이고 실용적인 타협이나 공존보다는 선명한 대결을 선호하는 문화와 체질을 반복·강화했는지도 모르겠다. 아울러 복잡한 현실의 내부관계를 파고 들어가 구체적 대안을 제시하는 현장중심 지식인보다는 높은 이상을 앞세우고 이 기준으로 현실을 질타하는 도덕적 지식인, 나라를 위기에서 구하는 메시아적 지식인을 선호하게 했는지도 모르겠다. 아무튼 이념에 대한 매력과 향수가 우리 문화가 짙게 배어 있다는 점은 분명하다.

이런 사회문화적 지형 안에서 우리는 산업화와 민주화의 과정을 거치면서 자기이익을 극대화하려는 물질적 가치와 자기 목소리를 높이려는 참여의 욕구가 상승작용을 하면서 다양한 갈등이 증폭되는 국면을 맞고 있다. 빈부격차에 따른 갈등, 노사갈등이나 진보와 보수의 갈등, 국토개발과 환경보전 사이의 갈등, 수도권과 지방 사이의 갈등 같은 갈등전선이 전방위에 퍼져있다는 느낌이 든다. 그리고 이런 갈등들에 상당한 이념성이 작용한다는 생각도 든다.

정치사회적 양극화의 추세는 최근의 국민의식조사에서도 분명히 확인된다.[9] 우리사회에서 발견하는 갈등양상을 ① 진보와 보수, ② 여당과 야당, ③ 기성세대와 젊은 세대, ④ 기업주와 노동조합, ⑤ 영남과 호남사람, ⑥ 수도권과 지방주민, ⑦ 남성과 여성, ⑧ 국토개발주의자

---

9) 2005년 10월 광복60년기념사업추진위원회가 갤럽에 의뢰하여 실시했던 전국표본조사가 좋은 보기이다.

〈그림 5-1〉 갈등유형과 갈등강도 1

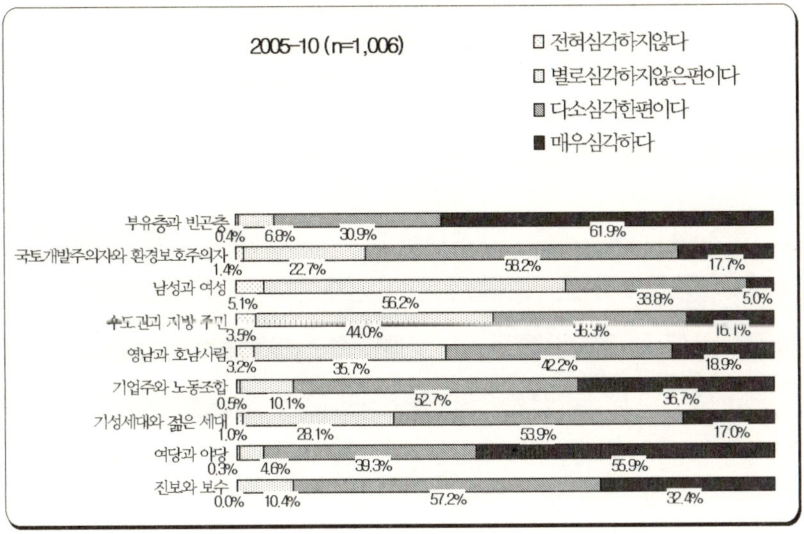

와 환경보호주의자, ⑨ 부유층과 빈곤층의 관계로 나누고, 각각에 대하여 갈등이 "매우 심각하다", "다소 심각한 편이다", "별로 심각하지 않다", "전연 심각하지 않다"는 선택지 가운데 하나를 고르도록 요구했다.

위의 결과에서 보듯이, 응답자의 압도적 다수는 여당과 야당의 갈등, 부유층과 빈곤층의 갈등, 진보와 보수의 갈등, 기업주와 노동자의 갈등이 심각하다는 견해를 보였다. 순서대로 95.1%, 92.8%, 89.6%, 89.4%의 응답자가 그런 반응을 보였다. 특히 부유층과 빈곤층의 갈등에 대해서는 응답자의 61.9%가 매우 심각하다고 응답했고, 여당과 야당에 대해서도 55.9%가 매우 심각하다는 응답을 보였다. 이것은 매우 높은 비율이다.

9가지의 갈등유형 가운데 여당과 야당, 부유층과 빈곤층의 문제를 정치경제 갈등으로, 진보와 보수, 기업주와 노동자의 문제를 이념갈등으로, 영남과 호남사람, 수도권과 지방주민의 문제를 지역갈등으로, 그리고 기성세대와 젊은 세대, 국토개발주의자와 환경보호주의자

〈그림 5-2〉 갈등유형과 갈등강도 2

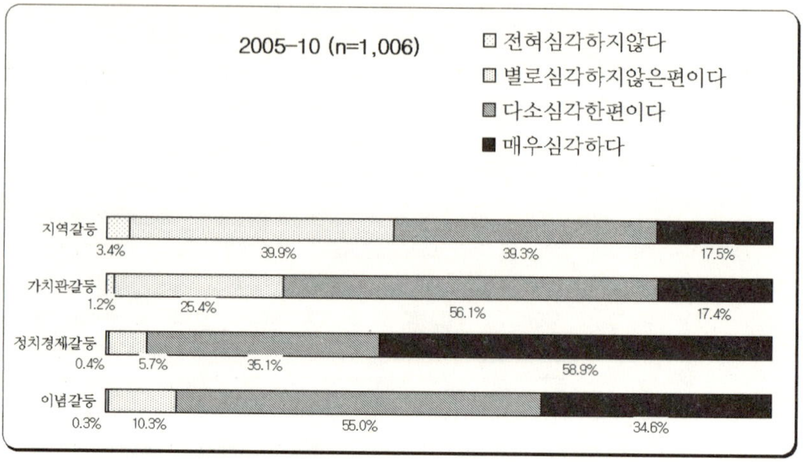

의 , 문제를 가치관갈등으로 묶을 때, 가장 갈등강도가 강하게 나온 것은 정치경제 영역이고 그 다음이 이념갈등으로 나왔다.

이런 응답자의 반응을 배경에 두고, 포괄적으로 "우리사회의 분열과 갈등이 심각하다는 견해"에 대하여 어떻게 생각하는가를 종합적으로 물었을 때, 90.7%가 이에 동의했다. "매우 동의한다"에 17.9%, "동의하는 편이다"에 72.8%가 응답했다. 더 나아가 "우리 사회에서 갈등하는 집단들의 상생과 번영을 위해 대타협이 필요하다는 주장이 일각에서 제기되고 있습니다. 님께서는 이 주장에 대해 어떻게 생각하십니까?"의 질문에 대하여, 16.2%는 "매우 동의한다"에, 73.9%는 "동의하는 편이다"에 응답하였다.

이런 조사결과는 다음과 같은 의미로 해석할 수 있을 것 같다. 사회 전방으로 확산되는 사회갈등의 심각성에 대하여 깊은 우려를 느끼는 한편, 다른 편으로는 갈등으로 인한 사회적 에너지의 낭비를 막고 사회발전을 도모하기 위하여 역사적 대타협의 필요성에 대부분 공감한다는 것이다.

4. 사회통합의 거시적 조건

그러면 이런 양극화의 추세를 현실로 받아들인다면 과연 어떻게 사회통합을 이룩할 수 있겠는가? 여기서 사회통합은 고전적 의미의 사회통합(*social integration*)과 최근의 관심을 반영하는 사회포용(*social inclusion*)의 의미를 같이 아우르는 것으로 이해하고자 한다.[10] 대체로 시장경제가 이 통합의 기능을 직접 수행하기는 어렵다는 데 동의하는 것 같다. 그렇다면 통합의 역할은 시민사회나 정부의 몫이 되기 쉽다. 우리나라의 경우, 가족의 역할도 무시할 수 없고, 일정부분 NGO의 역할도 있다. 그러나 사회통합의 역할은 무엇보다 정부가 해야 할 일로 간주하는 경향이 있다.

이런 진단이 잘못된 것은 아니다. 사회안전망을 보다 내실 있게 구축하는 것과 같은 구체적 정책수단에 관해서는 정부의 역할이 막중하다. 교육, 노동, 복지, 건강 등 넓은 의미의 사회정책분야에서 정부의 혁신적 노력이 필요하다는 데 공감한다.

그러나 이런 '소극적' 접근으로는 사회통합을 제대로 이룩하기 힘든 구조적 여건 속에 우리나라가 처해 있지 않나 생각한다. 훨씬 '적극적'인 접근이 요청된다. 여기에는 크게 두 가지의 이유가 있다.

하나는 시대가 근본적으로 바뀌었다는 것이다. 이것은 새로운 국가운영 또는 체제운영의 패러다임을 요구한다. 우리나라처럼 경제의 대외의존도가 높고 내부의 분절화가 심한 경우에는 말할 필요도 없지만, 세계화의 압력과 기회에 주체적으로 대응하려면 내부의 역량을 새롭게 결집시키는 새로운 패러다임이 필요하다. 많은 사람들이 신자유주의의 영향력을 너무 과장하는 것 같다. 신자유주의 세계화에도 불구하고 사회통합의 길이 불가능한 것은 아니다. 그 길이 넓게 열려 있다고 주장한다면 이것은 잘못이다. 그러나 그 길이 닫혀 있는 것도 아니다. 세계화의 거시적 흐름이 다양한 국내 행위주체들과 연결되어 작용한다

10) 이것은 사회경제적으로 배제된 집단을 어떻게 포용하느냐의 문제와 함께 정치사회적으로 보다 통합된 체제를 구축하여 다양한 갈등양상을 어떻게 합리적으로 관리하고 해소하느냐의 과제가 우리의 현실에서 다같이 중요하다고 판단하기 때문이다.

는 점에 유의할 때, 과거의 모델, 즉 국민국가시대, 산업화시대, 우리로서는 또한 분단시대에 형성된 정치와 행정, 경영, 노동, 언론, 문화 등의 기본틀과 관행을 그대로 둔 채, 정부가 앞장서서 마치 양극화의 문제를 홀로 해결할 수 있을 듯이 말하는 것은 상당히 비현실적인 것처럼 보인다. 물론 정부는 최선을 다해야 하겠지만 정부를 넘어서는 보다 상위의 새로운 체제운영모델이 필요하다는 것이다. 때문에 주로 정부에 주목하는 소극적 접근 대신 적극적 접근이 요구된다.

다른 하나는 분열적이고 단기적인 이익에 집착하는 사회갈등을 원만히 관리하고 해소하는 능력이 없이 경제사회적 양극화를 극복하고 사회통합을 이룩하기는 어렵다는 것이다. 사회갈등의 역사적 대타협은 결코 정부가 혼자서 할 수 있는 일이 아니라는 점에서 정부의 역할은 제한되어 있다. 오히려 사회 안에서 일정한 지분과 영향력을 가지고 있는 힘 있는 집단의 협력이 필수적이다. 이것이 없다면 사회통합의 어떤 창의적 시도도 금방 무너질 수 있다. 체질화된 관행, 즉 정치, 노사, 지역, 이념갈등 등이 사회통합을 위한 근원적 처방과 실천을 어렵게 만들 공산이 크다.

사회통합의 거시적 조건은 다음과 같다. 첫째, 현실적으로 영향력이 큰 집단들이 단기적 이익에 집착하기보다 반대로, 설사 단기적으로는 다소 손해를 본다 해도 장기적으로 더 많은 안정과 이익을 얻을 수 있다는 믿음을 가질 수 있게 하는 사회협약 또는 보다 온건하게 표현해서 사회협의(*social consultation*) 과정을 개설하는 것이다. 사회협의모델은 모든 것을 시장에 맡기자는 시장근본주의와도 다르고 정부에 해결자역할을 주문하는 입장과도 다르다. 모든 것을 법대로 하면 된다면 처방과도 다르다. 이 모델의 가치는 기본적으로 사회적 의사소통과 합의 또는 타협의 중요성에 있다. 이 모델에 따라 낭비적 갈등을 사회적 협력으로 막고 갈등의 에너지를 생산적인 것으로 전환할 수 있을 때, 비로소 세계화의 압력과 기회에 적응하는 내부역량은 그만큼 신장될 수 있을 것이다. 이때 비로소 사회경제적 양극화에 대한 보다 근원적인 처방과 실천이 가능해질 것으로 보인다. 이것은 말처럼 쉬운 일은 아니지만 단기적 이익을 위해 기존의 사회균열을 이용하는 양극화의 체질을 버린다면, 신뢰구축이 불가능한 것은 아니다.

둘째는 정부활동의 생산적 모델을 주문할 필요가 있다. 여기서 생산적이란 말은 정부관료가 '삼성' 같은 기업에서 배우라는 의미의 경제적 이윤창출과 같은 좁은 뜻은 아니다. 정부활동은 민간기업과는 분명 다른 점이 있다. 여기서 생산적이란 말은 투입과 산출을 엄격히 분리해 투입을 곧 업적으로 치장하는 과거의 관행을 극복할 필요가 있다는 뜻이다. 예산을 쓰고 인력을 투입하고 사업을 벌이고 조직을 만들고 하는 것은 모두 정부가 제공하는 투입요소들이다. 이것들은 그 자체가 목적이라기보다는 정부가 추구하고자 하는 어떤 목적이나 가치를 실현하기 위한 수단들이다. 그렇다면 그 목적이나 가치가 무엇인지 분명히 규정하고 이것이 어느 정도 실현되는지에 대한 측정과 평가가 필수적이다. 그렇지 않다면 정부부처는 예산이 많을수록 사업도 많고 업적도 많다는 우려스러운 공급자위주의 단견에 사로잡히고 말 것이다. 정부활동의 생산적 모델은 경제영역만이 아니라 문화, 교육, 체육, 대민서비스를 포함하여 국방, 외교 등의 모든 분야에 적용할 수 있다.

이 정부모델은 기존의 분배적 행정모델과 확연히 구별된다. 물론 정부는 공공이익을 대변하고 정당성의 요구에 직면한다는 점에서 민간기업과 분명히 다른 점이 있다. 이 차이를 무시해서는 안 된다. 그러나 오늘의 상황에서 세계화, 지식정보화, 신자유주의 도전 앞에서 정부기능을 혁신한다는 것은 단순한 인력조정이나 기구개편이 문제가 아니고 넓은 의미의 정부기능의 효율성을 높이는 문제, 즉 일정한 투입요소들로 과연 어떤 소기의 목적 또는 가치를 실제로 이룩하는가에 대하여 그 생산적 효과를 검증하고 평가하고 높이는 것이 되어야 할 것이다.

따라서 사회경제적 양극화에 대응하는 정부정책도 예외가 아니다. 단순히 복지예산을 늘려 빈곤층 또는 차상위층의 복지수요를 충족시킨다는 차원에서 끝나는 것이 아니라 이런 수단들로 어떤 '생산적' 효과를 산출하는지를 보다 분명히 보여줄 수 있어야 한다. 노동조건이 없기 때문에 분배의 시각에서 접근할 수밖에 없는 경우라 하더라도 그 분배의 '생산적' 효과를 추구하는 가치에 따라 논증하는 것은 바람직하다. 적극적 노동시장정책이나 자활사업 등에서는 보다 엄격한 의미의 생산적 효과, 예컨대 양질의 기술습득 및 이에 기초한 고용 등의 실적을 보여주는 것이 바람직스럽다. 이렇게 정부기능의 초점이 보다 생산적인 방향으로 발전할 때, 사회경제적 양극화에 보다 탄력 있게 대응할 수 있을 것이며, 과거의 분배 패러다임이 안았던 한계를 넘어서는 생산적 패러다임으로 사회통합을 이룩할 수도 있지 않을까 한다.

5. 한국 시민사회의 변동양상

그러면 위에 지적한 양극화의 두 가지 추세를 극복할 수 있는 내부역량이나 조건이 우리 시민사회 안에 성숙하고 있는가?

시민사회의 지형은 국면에 따라 유동적이었던 것처럼 보인다. 단순화시키자면, 권위주의시대의 시민사회는 감시의 대상일 뿐이었다. 그러나 민주주의로의 전환기가 오면 억압된 목소리가 분출되기 시작한다. 때로는 불만이 폭발하고 시민사회가 요동친다. 이것을 시민사회의 '부활'로 묘사하는 학자들도 있다. 이런 관점에 의하면, 전환기의 시민사회는 체제변화를 요구하는 에너지의 저수지이자 공급원인 것처럼 보인다. 그러나 이것은 권위주의의 모순과 악폐가 뚜렷한 상황에서 민주화요구의 정당성을 담보할 뿐, 시민사회 안의 힘의 관계가 급격히 변하는 것은 아니다. 기득권 또는 기성체제(*Establishment*)에 닻을 내리고 있는 보수집단들이 침묵 속에 힘의 우위를 지키면서 상황을 주시했을 뿐이다.

그러나 공정한 선거경쟁이 제도화되고 평화적 정권교체가 이루어지며 국민의 기본권과 함께 노동자, 여성, 빈민 등 소수집단의 권리가 신장되면, 상황은 유동적으로 변하는 경향이 있다. 민주개혁의 프리미엄이 희석되면서 시민사회는 증가하는 불확실성으로 특징된다. 침묵하던 보수세력이 위기의식 속에 자신의 힘을 조직화하기 시작하기 때문이다. 묵시적으로 합의했던 '공익'추구의 시민운동만이 아니라 각기 다른 정치적 목표나 가치를 추구하는 시민운동이 각축을 벌이는 새로운 상황이 출현한다. 상이한 주장, 대립하는 군중집회, 갈등하는 이념노선 등은 시민사회가 다원성을 얻는 과정의 진통으로 해석할 수도 있다.

특히 우리의 관심을 끄는 것은 진보와 보수가 팽팽한 긴장을 내포하는 균형상태에 도달하게 되었다는 점이다. 팽팽한 균형은 2002년 말 이래의 전국표본조사에서 여러 번 확인된 적이 있다. 한 보기로, 보수/진보에 관한 0~9의 주관적 단일척도에서 응답자의 선택을 종합하면, 놀라울 만큼 정상분포를 보인다. 조사시기에 따라 약간 진보 쪽이 우세한 경우도 있었고 보수가 우세한 경우도 있다. 그러나 한쪽으로의 쏠림현상은 발견되지 않는다. 힘의 평형은 양쪽 모두에게 합리적 게임을 강요하기에 충분할 만큼 팽팽한 긴장을 내포한다. 이것은 또한 우리사회에서 진보를 선택할 수 있는 심리적 여유와 자신감이 많이 생겼다는 것을 뜻하면서 또한 이를 이끄는 사회세력과 의사소통방식에 의미 있는 변동이 일어났음을 뜻한다.

진보/보수의 축에 못지않게 민족적 가치/세계적 가치의 축에서도 팽팽한 균형이 발견된다. 거의 완벽한 정상분포의 모습이다. "한국인은 매우 민족주의적이다"는 오래된 통념, 특히 해외에 널리 부각된 우리의 이미지를 염두에 둘 때, 이것은 놀라운 변화임에 틀림없다. 급격한 세계화, 지식정보화의 물결 속에서 우리의 사고방식이 빠른 속도로 변했음을 보여주는 자료가 아닌가 한다. 이런 팽팽한 균형은 건강한 긴장을 수반하는 것으로써 쌍방에게 폭력이나 인습대신 합리적 게임을 요구하는 의미를 갖는다.

더욱 우리를 흥미롭게 만드는 것은 진보/보수의 축과 민족적/세계적 가치의 축을 교차한 결과이다. 우리의 역사적 경험, 문화적 전통에서 볼 때, 진보는 오랫동안 민족적 가치와 친화성이 높았다. 여기에는 충분히 그럴 만한 이유가 있었던 것이 사실이나, 이제 상황은 의미심장하게 바뀌는 것처럼 보인다. 스스로를 보다 진보적으로 생각할수록 사람들은 연령이나 교육정도, 수입, 주거지역 등과 관계없이 일관되게 민족적 가치보다 세계적 가치를 선호하는 것으로 드러나기 때문이다. 이것은 오늘의 진보가 과거의 진보와 사뭇 다를 수 있다는 점을 강력히 암시한다. 즉 보다 합리적이고 유연한 진보의 사회적 가능성을 확인할 수 있다.

이런 의미심장한 변동이 일어나게 된 데는 적어도 다음과 같은 세 가지 비가역적 추세가 있기 때문이다. 첫째는 젊은 세대의 전면적 부상과 이로 인한 정치지형의 근본적 변화이다. 1980년대 민주화의 경험 속에 성장한 세대가 오늘날 사회의 중심허리로 성장했으며, 이들의 탈인습적 가치관이 사회변화를 선도하는 에너지로 작용하였다. 아울러 이들의 뒤를 잇는 디지털세대 역시, 2002년 월드컵 거리응원과 촛불시위 등에서 확인할 수 있듯이, 개인의 자발성과 참여를 중시하는 방향으로 일상생활에서 자기결정권을 행사하며 탈인습의 가치관을 실천하는 것으로 관측된다. 이런 세대의 변동이 시민사회를 움직이는 주된 힘이 되었으며 이런 지각변동이 오늘의 시민사회를 바쳐주는 에너지가 되었다고 할 수 있다.

둘째, 인터넷혁명에 따른 새로운 의사소통방식의 효과이다. 기존의 주요 언론매체가 정보의 선택과 소비에서 막강한 영향력을 누리던 때에는 시민사회의 의사소통의 흐름을 의도적으로 기획·조정할 수 있었다. 그러나 초고속 정보망이 전국적으로 확산되고 인터넷소통이 보편화되면서 미디어권력은 현저히 영향력을 상실하게 되었다. 사람들에게 익숙한 성향이나 태도, 정서적 감정이나 불안, 공포, 상상, 고정관념이나 이미지를 선택적으로 재활용하여 사람들의 의식이나 행동에 큰 영향을 미치는 미디어권력이 점차 효력을 상실하면서 시민사회가 본격적인 경쟁의 장으로 변모하게 되었다.

셋째, 세계화가 불러오는 엄청난 문화변동이다. 세계화는 자유로운 정보소통을 촉진시키며 이것은 오랫동안 당연시된 전통이나 인습, 고정관념 등에 대한 검증을 강화한다. 검증은 불가피하게 성찰적 태도를 요구하며 정당화될 수 있는 많은 인습들의 해체효과를 가져온다. 그만큼 세계화는 가치와 삶의 방식에서 변동을 촉매하는 경향이 있다. 이런 상황에서 보수진영은 자신의 정당성과 타당성을 입증해야 하는 부담을 진보진영보다 더 많이 안게 되는 경향이 있다.

이렇게 볼 때, 오늘날 한국 시민사회의 팽팽한 균형은 우연이 아니며 어느 한쪽으로 방향이 휩쓸릴 가능성은 미약하다 할 수 있다. 젊은 세대의 참정권확대, 남북관계의 개선, 여성참여의 신장 등에 따라 진보의 위상이 보다 강화될 수도 있다. 어찌됐건 분명한 점은 과거와 같은 흑백논리, 제로섬게임, 대결위주의 승자독식체제로는 더 이상 대한민국체제를 관리하기가 어려울 만큼 사회전체의 힘의 관계가 변하고 있다는 점이다. 따라서 미래지향적인 새로운 패러다임이 요구된다. 그리고 이것을 요구하는 지각변동이 시민사회 안에서 일어난다고 해석할 수 있다.

6. 성공적인 제 3의 길의 조건

이런 상황에서 우리가 다시금 생각해볼 만한 화두가 생산적 제 3의 길이 아닌가 한다. 여기서 생산적이란 나누어먹기식의 타협 또는 분배위주의 제 3의 길과 구별하기 위함이고, 그 의미는 위에서 탐색한 바와 같다. 우리사회에 강고한 기성체제와 1987년 이래의 변동양상을 종합해볼 때, 이제는 외부의 사조가 아니라 우리 자신의 가능성으로서 제 3의 길을 진지하게 논할 때가 되지 않았나 생각한다.

그러나 '제 3의 길'하면 흔히 사람들은 영국의 사회학자 앤서니 기든스를 생각하고 영국의 블레어 총리를 연상하기 쉽다. 영국이나 네덜란드, 덴마크, 독일 등의 사회경제정책에 관심을 보내기도 한다. 그러나 이런 논의는 유럽형 제 3의 길을 보여줄 뿐이다. 보다 엄격히 말하자면, 1930년대 스웨덴 사민당의 집권으로 생산과 복지를 조화시키는 제 1기의 역사적 대타협이 있었다면, 기든스의 논의는 세계화의 추세에 적응하는 제 2기의 특징으로서 노동시장, 인적자원, 일하는 복지 (*workfare*) 등에 관심을 쏟는 경향이 있다.

제 3의 길은 존재론적으로 조화와 화합을 전제하는 것이 아니라 현실세계의 근원적 대립과 갈등으로부터 출발하되 화해와 상생의 길을 열어 공존공영의 가치를 실현하려는 것이다. 따라서 제 3의 길의 존재이유는 바로 대립과 갈등의 객관적 현실에 있다. 또한 역사를 투쟁과 정복으로 보는 것만이 아니라 근본적으로 화해 불가능한 것처럼 보이는 가치의 화해와 공존을 추구하는 시각이 제 3의 길을 이끈다.

그렇다면 제 3의 길은 어떤 조건에서 성공할 가능성이 커지는가? 첫째, 제 3의 길은 사회의 균열구조가 심각하여 많은 사람들이 탈출을 염원할 때 객관적 기반을 갖는다. 갈등이 있는 곳이라면 어디서나 화해와 공존의 노력이 요구되고, 그런 뜻에서 제 3의 길은 보편적 호소력을 갖는다는 견해도 있다. 그러나 이것은 너무 포괄적 인식이다. 중요한 점은 화해가 불가능한 대립과 균열로 공존이 위협받는 역사적 상황이다. 이런 상황에서 집단과 집단 또는 가치와 가치 사이의 대립을 넘어 상호수용할 수 있는 공통분모를 찾는 노력이 제 3의 길을 이끄는 원동력이 된다. 자본과 노동의 대립이 좋은 보기다. 그러나 균열은 다차원적이고 따라서 제 3의 길은 다양하게 열려질 수 있다. 산업시대의 모델로 21세기의 다원성과 복합성을 재단하는 것은 위험한 일이다.

둘째, 제 3의 길은 기성체제에 도전적인 집단의 역량이 크게 신장되어 정치의 장에서 팽팽한 균형을 유지하게 될 때, 가능성이 커진다. 예컨대, 진보와 보수의 균형이 일시적 현상이 아니라 국내외의 변동에 엇물려 지속성을 띨 것이 분명해지면 양측은 기회주의적 관망이나 제로섬 대결 대신 적극적 공존의 동기를 갖게 되기 쉽다. 역사적으로 보면, 체제도전적 세력이 성장하여 더 이상 무시할 수 없는 힘의 균형상태에 도달할 때, 특히 안정적 집권의 기회를 얻게 될 때 제 3의 길은 현실성을 갖는다. 이때 기득권집단과 도전세력이 제 3의 길 안에서 공생할 가능성이 높아진다.

서구의 경험에서만 보자면, 제 3의 길을 주도한 집단은 사회민주주의 정당이었다. 그런 이유로 기든스는 중도좌파의 역할에 관심을 갖는다. 그러나 제 3의 길을 이끈 힘은 좌우이념 그 자체에 있는 것이 아니라 제 3의 길로 해소되어야 할 역사적 균열, 대립, 갈등이다. 이 현실이 있기 때문에 제 3의 길이 의미 있는 대안으로 떠오르는 것이다. 중요한 것은 기득권을 둘러싼 사회의 균열구조와 함께 기성체제의 성격을 분명히 파악하는 것이며 이에 대한 도전세력의 사회적 분포를 역사적 맥락 안에서 잡는 것이다.

셋째, 성공적인 제 3의 길에 필수적인 다른 조건은 탁월한 리더십이다. 리더십이 빈약한 정치세력은 수많은 시행착오와 의견난립, 우왕좌왕 속에 에너지를 소진하기 쉽다. 이에 반해 탁월한 리더십은 적대적 집단을 상생의 장으로 인도한다. 특히 제 3의 길이 성공하려면 단순한 분배철학, 나누어먹기식의 정책을 넘어 갈등해온 집단들의 상호협력으로 국가경쟁력을 향상시키는 뚜렷한 발전목표, 개혁목표를 가져야 한다. 즉 생산과 복지, 안정과 효율을 유기적으로 접합해야 한다는 것이다. 아울러 제 3의 길은 완승보다는 발전적 타협을 선호하는 입장이기 때문에 급진주의 또는 최대주의전략을 추구하는 분파는 이를 거부하기 쉽다. 이런 반대세력을 정치적으로 제어할 수 있을 때 탁월한 리더십이 형성된다. 급진/강경 노선대신 온건/합리 노선에 따라 끊임없는 대화의 노력으로 정치의 중심, 공통분모를 확대하는 능력이 요구된다. 또한 단순한 기회주의가 아니라 제 3의 길을 이끄는 정치철학과 원리에 의해 개혁정책을 이끌 때 탁월한 리더십이 형성된다.

넷째, 제 3의 길을 위한 문화적 조건을 강조할 필요가 있다. 일정한 정치문화 조건, 즉 마인드세트가 작동할 때 제 3의 길은 한결 용이하다. 흑백논리, 제로섬게임, 이념적 선명성, 명분론이 강한 곳에서는 제 3의 길이 설 땅이 상대적으로 비좁다. 흑백논리가 강하면 상대를 파트너로 인정하기보다 기회가 되면 정복해야 할 대상으로 간주하기 쉽다. 극단적 대결을 선호하는 양쪽의 집단보다는 공존과 타협을 선호하는 집단이 제 3의 길을 이끌기 쉽다. 이런 점에서 제 3의 길을 이끄는 문화는 선의의 실용주의 또는 실사구시의 정신에 있다고 할 수 있다. 그렇다고 이념의 중요성을 부인하는 것은 아니다. 다만 이념지상주의적 명분론 또는 선명성경쟁은 상대를 적이 아니라 파트너로 보는 데 장애를 줄 가능성이 크다. 이것은 곧 역사적 대타협을 협애하게 만든다.

다섯째, 제 3의 길을 위한 중요한 사회적 조건의 하나는 시민사회의 활성화와 개혁지향적 중산층의 역할이다. 이것은 산업민주주의가 꽃을 피웠던 시대의 제 3의 길과는 달리 후기산업사회 혹은 지식정보화사회의 제 3의 길을 논하는 데 중요한 조건이다. 왜냐하면 국가를 개혁의 지렛대로 삼아 추진한 제 3의 길은 결국 국가주의의 함정에 빠졌기 때문이다. 이와는 달리 오늘의 주요 화두는 모든 문제를 시장의 논리로 해결하려는 신자유주의와 국가개입으로 해결하려는 모델을 벗어나 시장과 국가의 역할을 중시하되 이와 다른 제 3영역, 즉 시민사회를 중시하는 입장에서 제3의 길을 탐색하는 것이다. 바로 여기에 참여민주주의로 가는 현대적 제3의 길의 기반이 있지 않나 생각한다. 그리고 이런 발전을 이끄는 중심세력은 조직화된 노동자를 포함하는 개혁지향적 중산층이라고 할 수 있다.

여섯째, 정책개발의 능력은 아무리 강조해도 부족하다. 제3의 길은 화해 불가능한 것처럼 보이는 집단과 집단, 이익과 이익 사이의 양립 가능성을 정책적으로 관철시키는 능력이 클 때 용이해진다. 제3의 길이 성공하려면 문제해결의 구체적 방법론이 있어야 한다. 분열대신 협력을 이끌어내는 사회적 장치의 제도화가 필수적이다. 아울러 이런 기반 위에서 국가경쟁력을 높이는 정책이 실효를 거두어야만 제3의 길이 지향하는 바가 분명해진다.

7. 역사적 변동의 전망

이상의 분석에서 우리는 팽팽한 균형 속의 경쟁으로 특징되는 시민사회의 함의를 살펴보았다. 이 시대의 화두는 상호존중과 공존의 길이며, 그 길은 정부, 기업, 노조 등을 포함하되 소비자, 여성, 지역주민, 장애인, 시민운동, 종교인, 각 분야전문가 등이 참여하는 사회적 합의에 있다. 핵심적인 것은 사회적 합의나 타협을 도출하는 사회적 협력과정이다. 이것이 만들어지느냐 못하느냐에 따라서 세계화의 압력과 기회에 적응하는 내부역량이 달라질 것이다. 또한 양극화추세의 극복가능성도 이 변수에 상당히 의존한다.

그러나 광복60년을 맞는 오늘의 현실을 보면 사회를 가로지르는 균열양상이 더욱 심각해진다는 인상을 받는다. 노사간의 체질화된 상호불신과 소모적 대결풍조가 국가발전의 발목을 잡는다는 인식이 넓게 퍼져 있다. 여야간의 비생산적인 정쟁의 풍토도 고질적이다. 민족분단에 따른 냉전적 이념갈등의 부작용도 심각하기 짝이 없다. 통상적 의미의 지역주의와 함께 수도권과 지방간의 극심한 격차로 인한 대립도 위험수위를 넘는다는 진단이 가능하다. 근래 부유층과 빈곤층 사이의 격차가 크게 벌어지면서 계층간의 갈등이 심화되는가 하면 노인문제를 포함한 세대갈등, 남녀의 갈등도 다양한 부작용을 가져오는 원인이 되었다.

그런가 하면 균열로 인한 불신과 반목, 비생산적 에너지의 낭비를 막아야 한다는 인식도 넓은 공감을 얻는다고 생각한다. 그럼에도 이런 부작용이 계속되는 것은 상호존중보다는 기회가 되면 모든 수단을 써서 상대를 제압하겠다는 대결의 유혹이 아직 강하기 때문이 아닌가 한다. 따라서 우리는 제 3의 길을 배태시켰던 원래의 문제의식, 즉 심대한 사회의 균열구조를 넘어 상생(相生)의 기초 위에서 보다 역동적인 사회를 만들려는 기획으로 돌아갈 필요가 있다. 서구에서는 이런 기획이 민주복지국가의 건설로 이어졌다. 그러나 한국은 체제와 이념을 둘러싼 남북간의 대립과 함께 민주화과정에서 다차원의 균열구조가 심화되고 있는 상황이기 때문에 보다 대담한 관점에서 제 3의 길을 모색할 필요가 있다. 지식정보화 시대에 맞는 참여적이고 민본주의적(民本主義的)인 제 3의 길이 요구된다는 것이다.

그러나 역사적 대타협을 이끌어낼 수 있는 비전과 용기, 그리고 결단력을 갖춘 포용적 리더십이 우리나라에 빈곤하다는 데 큰 취약점이 있다. 사회 안에는 집단이기주의 문화가 널리 퍼져 있고 정치문화 역시 실사구시의 중용 대신 흑백논리, 제로섬게임, 타협보다는 대결을 선호하는 풍토가 강하다.

그렇기 때문에 객관적으로 보면 사회의 중심부문이 크게 성장했음에도 불구하고 양극의 극단적 세력의 갈등이 증폭되는 양상을 보인다. 우리는 여기서 민주화 이행기의 경험을 되새겨볼 필요가 있다. 즉 체제세력의 협상파와 저항세력의 온건파가 제휴하여 각기 극단, 과격집단을 제어할 수 있을 때, 민주화가 순조롭게 진행되었다는 역사적 사실을 다시 음미해볼 필요가 있다는 것이다. 오늘의 상황에 비추어 보건대, 합리적 진보와 개명된 보수가 통합적 리더십을 발휘하여 이른바 극우와 극좌를 제어해야만 사회의 중심을 튼튼히 구축할 수 있는데, 그 통합적 리더십이 아직 허약하다. 그 결과 양극의 두 집단이 서로 정면충돌하는 것 같지만 사실은 서로 도와 자신의 입지를 강화하는 매

〈그림 5-3〉 4가지 사회적 정체성의 증감추세(%)

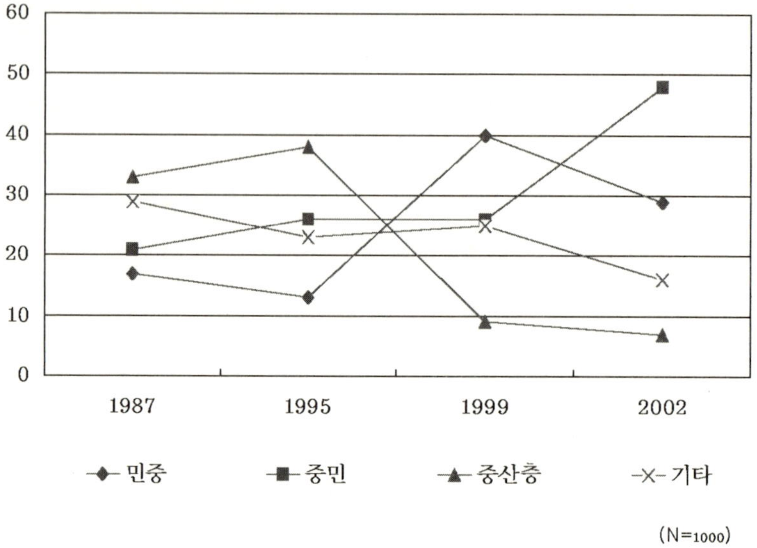

우 비현실적이고 비생산적인 국면이 지속되는 것이다.

이런 혼돈에도 불구하고 제3의 길을 열 수 있는 능력을 갖춘 중간 지도자층이 형성되었다는 진단은 내릴 수 있다고 본다. 우리사회의 잠재력은 빠른 경제성장만이 아니라 또한 시민사회의 역동성에서 나온다. 1980년대 이래 견고한 기득권의 구조에 도전해온 젊은 세대들은 오늘날 사회에 진입하여 사회의 허리를 광범위하게 차지하고 있다. 여러 조사결과들을 보면, 이들은 사회적 약자에 대한 배려가 상대적으로 높고 기성권위에 대한 도전심이 강하며 사회 각 부문의 변화를 강하게 요구하는 특징을 공유한다. 필자는 이런 집단을 중민(中民)이라 부르는데, 이들은 IMF 외환위기 이후에 수적으로 증가할 뿐 아니라(〈그림 5-3〉 참조) 중심화의 사회적 연대로 개혁을 이루려고 한다는 점에서 근본적으로 제3의 길과 친화력을 갖는다고 생각한다.

그러나 제3의 길로 가는 사회적 협력의 길을 누가 과연 선도해야 할 것인가의 질문이 제기된다. 여야, 노사, 진보/보수 등이 기득권을 조정하면서 제3의 길에 동참하는 것을 기대하기는 힘들다. 그러나 누

군가가 이것을 구속력 있게 선도해야만 한다. 구속력이 있다는 것은 그 길이 국민대중의 기대에 부합하는 정도가 매우 높기 때문에 이에 동참하는 것이 이익이라는 판단이 영향력 있는 집단들에서 나올 수 있도록 제 3의 길의 철학적, 정책적 프로그램을 추진한다는 것을 뜻한다. 진보/보수 등 외생적 이념의 강박관념을 떠나 우리에게 친숙한 '민본정치'(*people-based politics*)의 입장에서 이것을 한편으로는 민생경제로 심화시키고, 다른 한편으로는 참여민주주의로 발전시켜, 문자 그대로 국민대중의 권익과 삶의 질을 높이는 데 전력을 쏟는 발전의 길이 아닌가 한다.

8. 제 3의 길의 주요 정책의제

그러면 21세기 한국사회에서 생산적 제 3의 길의 주요 정책의제는 무엇이 될 것인가? 이에 관해서는 상세한 논의가 가능하겠으나 간략히 말하자면, 그 핵심은 교육, 노동, 복지를 아우르는 창의적인 인적 자원의 개발과 고용증대에 있다고 할 수 있다. 국가경쟁력 제고를 향한 다른 차원의 제 3의 길도 물론 열려 있다. 이런 관점에서 몇 가지 의제를 생각해보자면 다음과 같다.

① 노사정 협력과 고용창출
② 공존을 위한 복지정책과 생산적 자활 프로그램
③ 평생교육체제 확립과 인적 자원의 창의성 향상
④ 혁신적 균형발전과 국가경쟁력 강화
⑤ 시민사회와 새로운 협치의 구현
⑥ 여성참여와 국가경쟁력 향상
⑦ 남북협력과 국가경쟁력 제고

정책의제에 접근하는 세 가지 조건을 강조하고자 한다. 첫째는 이미 언급한 것이지만 사회적 합의형성의 절차와 제도를 확립하는 것이다. 제 3의 길은 정부가 일방적으로 결정을 내리거나 모든 것을 시장에 맡기자는 식의 입장과는 다르다. 거대집단의 기득권을 존중하여 막후의 절충으로 체제를 운영하는 코포라티즘(*corporatism*)과도 다르다. 제3의 길은 한마디로 개방적이고 포용적인 사회적 협의 또는 합의체계로 특징된다.

또한 제3의 길은 정부와 시장의 역할에 못지않게 시민사회의 고유한 기능과 협력을 강조한다. NGO의 역할과 함께 자유롭고 활력이 넘치는 시민의 참여문화가 중요하다. 이런 관점에서 정부와 시민사회 또는 경제부문 사이의 파트너십 형성에 관련되는 다양한 경험적 질문들을 검토할 수 있을 것이다. 예컨대 정부 정책형성과 평가에 독립적이고 창의성 있는 민간 전문가들이 많이 참여하는 것은 당연한 시대의 추세이지만, 양자 사이의 신뢰가 약한 현 상황에서 양자의 역할규정과 협력의 문제는 특별한 고려를 필요로 하기 때문이다.

둘째는 사회정책을 필두로 하여 제3의 길로 모이는 일련의 정책들에서 생산과 복지 또는 유연성과 안정성 같은 두 마리 토끼를 어떻게 구체적으로 잡을 것인가에 관하여 많은 고민과 토론이 있어야 한다. 인력과 예산, 제도, 기구 등의 면에서 많은 투자를 하는 것만으로는 부족하다. 이에 기초하여 실제로 그 효과가 어떻게 드러나는가를 측정하고 개선하는 많은 노력이 요구된다. 한 보기로 복지정책에서 자활(自活) 프로그램의 효과는 어떻게 증가하는가, 실업정책에서 재취업의 효과가 어느 정도 신장되는가, 교육투자를 통하여 보다 생산성을 갖춘 인적 자원이 어느 정도 육성되는가, 이런 질문에 대하여 자신 있게 대답할 수 있을 때, 제3의 길은 단순한 분배모델을 넘어 생산적 의미를 확보할 수 있을 것이다.

셋째로 문화적 하부기반에 대한 새로운 문제의식이 필요하다. 제3의 길을 위해서는 지나친 제로섬게임에 의존하는 정신적 풍토와 자기 것에 대한 집착, 승자독식, 흑백논리, 이념적 선명성에 치중하는 문화, 마음에 들지 않으면 판을 뒤집고 다시 짜려는 비민주적 사고 등의 체질보다는 실사구시의 자세로 꾸준히 문제를 개혁해가려는 합리적 접근이 매우 중요하다. 우리에게는 이런 문화적 기초가 상대적으로 약한 편이다. 따라서 이런 문화적 하부기반을 구축하려는 각별한 노력이 필요하다고 할 수 있다.

9. 맺음말

이 책의 핵심화두는 사회통합과 역동적 균형이다. 역동적 균형의 의미는 주제에 따라 각 장에서 다루어졌다. 주제가 지역균형발전이건, 노사관계이건, 사회복지건, 양성평등이건 간에 중요한 점은 단순한 균형의 회복이 아니라 이 노력이 새로운 역동적 발전의 시너지효과를 내는 방식이다. 역동적 균형의 의미는 이렇듯 주제에 따라 다소 다르게 들리지만, 이것을 아우르는 하나의 방식으로 '생산적 제3의 길'을 제안하였다. 우리의 미래를 이끌어 갈 핵심적인 관점이 역동적 균형이라면 이것은 또한 우리 자신의 주체성과 창의성을 전제한 생산적 제 3의 길을 지향한다고 할 수 있다.

증가하는 균열과 갈등의 극복 없이는 새로운 도약이 불가능하다는 국민적인 우려, 또는 탈출에의 열망이 강한 이면에는 초고속 인터넷의 일상화와 이에 따른 역동적인 의사소통 및 참여욕구 등이 있으며, 이런 맥락에서 제 3의 길이 국민들의 마음에 던지는 호소력이 적지 않을 것으로 판단된다.

그러나 제 3의 길을 위한 정치적 리더십은 아직 불투명하다. 제 3의 길이 단순한 나누어먹기식의 분배모델이 아니라 발전모델, 국가경쟁력의 상승모델이 되려면 분배가 생산성을 자극하고 사회적 협력을 통해 국부를 증가시키는 독특한 발전전략이 요구된다. 지도자는 우선 내 집단의 몫을 늘려보자는 최대주의의 유혹을 경계하는 한편, 기득권집단의 양보와 절제를 강제하면서 소외된 타자에 대한 배려와 연대로 사회 전체의 공존을 도모하는 뚜렷한 정치철학과 리더십을 가져야 한다. 이런 자세로 제로섬게임이 아닌 상생의 파트너십 정치를 실천할 필요가 있다.

그러나 이것이 말처럼 쉬운 것은 아니다. 제 3의 길에 요구되는 사회적 협의의 문화적 토양이 비옥한 것도 아니다. 특히 기득권세력의 집단이기주의의 경향이 심하여 흑백논리, 대결정치의 유혹도 강한 편이다.

그럼에도 불구하고 우리의 전망이 어두운 것만은 아니다. 역동적 균형의 에너지가 이미 우리 사회와 역사에 자리 잡고 있으며, 상대적으로 젊고 교육수준이 높은 개혁지향적 세력의 가치지향이 제 3의 길과 내적 친화력을 갖는다고 보기 때문이다. 생산과 복지, 창의와 협력, 개인과 공동체, 전통과 현대를 잇는 새로운 발전의 길이 우리사회에서 개화할 수 있다. 이런 잠재력을 정치적 에너지로 결집시키는 정치의 선진화가 이루어질 때 제 3의 길은 보다 가시권 안으로 들어올 수도 있을 것이다. 더불어 사는 역동적 참여사회의 건설, 여기에 제3의 길의 비전이 있다고 할 수 있다. 이런 발전의 가장 중요한 인문학적 기반은 인간존중의 가치관에 있다. 아울러 지식정보화 시대에 우리가 찾는 제 3의 길은 민본주의적 실사구시의 방법론으로 참여민주주의를 확립하는 데 있다는 견해도 경청할 만한 가치가 있다고 생각한다.

■ 필자 약력

(게재순)

송 기 도

한국외국어대 서반아어학과 졸업, 스페인 마드리드 콤플루텐세대학 정치학 석사 및 박사. 칠레 가톨릭대학 초빙교수, 미국 듀크대학 중남미연구소 객원교수, 전북대 교수, 한국지역혁신교육원 원장 역임. 현재 주 콜롬비아 대사. 주요 논저: 《콜롬버스에서 룰라까지: 중남미의 재발견》, “21세기 중남미의 변화: 차베스 정권과 브라질 대선”, “중남미 인권과 화해진실위원회의 특성”, “스페인 까딸루냐 지방연구” 등.

최 영 기

서울대 경제학과 졸업, 미국 텍사스대학(오스틴) 경제학 박사. 한국노동경제학회 부회장, 미국 코넬대 객원교수, 노사정위원회 수석 전문위원 역임. 현재 한국노동연구원 원장. 주요 저서: 《근로시간의 실태와 정책과제》, 《한국형 노사관계모델》(공저), 《한국의 노동법 개정과 노사관계》(공저)

김 상 균

서울대 사회사업학과 및 동대학원 졸업. 영국 애버딘대학 사회정책학 박사. 대통령자문 정책기획위원회 위원, KBS 객원 해설위원 역임. 현재 서울대 사회복지학과 교수, 노사정위원회 공익대표위원. 주요 저서: 《현대사회와 사회정책》, 《복지국가론》(공저), 《비교빈곤정책론》(공저).

심 영 희

서울대 영문과 및 동대학원 사회학과 졸업, 미국 남일리노이대학 사회학 박사. 독일 빌레펠트대학 방문교수, 미국 컬럼비아대학 방문교수, 한국여성학회 회장, 여성부 정책기획위원 역임. 현재 한양대 사회학과 교수, 사회대학장, 평화를 만드는 여성회 공동대표. 주요 저서 및 역서: *Sexual Violence and Feminism in Korea*, 《함께 이루는 남녀평등》, 《위험사회와 성폭력》, 《여성의 사회참여와 성폭력》, 《한국의 젠더정치와 여성정책》(공저), 《모성의 담론과 현실》(공저), 《일상의 권력과 새도매저키즘》(역서).

한 상 진

서울대 사회학과 및 동대학원 졸업. 미국 남일리노이대학 사회학 박사. 한국정신문화연구원장, 한국인권재단이사, 대통령자문정책기획위원회 위원장 역임. 현재 서울대 사회학과 교수 겸 중국 북경대학 사회학과 교환교수. 주요 저서: 《사회운동과 사회개혁》, 《중민이론의 탐색》, 《한국, 제 3의 길을 찾아서》 등.

국내 최초
완역 출판

Theorie des kommunikativen Handelns 1·2

의사소통행위이론 1·2

1권 행위합리성과 사회합리화　2권 기능주의적 이성 비판을 위하여

위르겐 하버마스 **지음**　**장춘익**(한림대) **옮김**

4년여에 걸친 번역작업으로 완성된 현대사회이론의 이정표.
지금까지 한국에 소개된 하버마스는 서장에 불과하다. 《의사소통행위이론》으로
우리는 진정한 하버마스 사상의 본령(本領)에 들어서게 된다.

나남출판이 발간한 《공론장의 구조변동》, 《사실성과 타당성》
《도덕의식과 소통적 행위》 등에 이은 하버마스 저작의 최고 결정판!

신국판 양장본 | 각권 592, 672면 | 각권 35,000원

NANAM 나남출판　경기도 파주시 교하읍 출판도시 518-4
tel. 031)955-4600　www.nanam.net